Sammlung Luchterhand 554

Gabriele Wohmann
Ich lese. Ich schreibe
Autobiographische Essays

Luchterhand

Originalausgabe
Sammlung Luchterhand, Dezember 1984

Lektorat: Klaus Siblewski
Umschlaggestaltung: Kalle Giese, Darmstadt
Herstellung: Ralf-Ingo Steimer
© 1984 by Hermann Luchterhand Verlag GmbH & Co KG,
Darmstadt und Neuwied
Gesamtherstellung bei der
Druck- und Verlags-Gesellschaft mbH, Darmstadt
ISBN 3-472-61554-0

Inhalt

Protokoll einer Inszenierung

Auf der Feier zum fünfzigsten Geburtstag von Karl Krolow sagte ich zu, leichtsinnig nach vielen Gläsern Sekt. Der Intendant des Landestheaters Darmstadt, Dr. Gerhard F. Hering, die Chefs von Feuilleton und Lokalredaktion des »Darmstädter Echo«, Georg Hensel und Klaus Schmidt, und andere Gratulanten ermunterten mich, das zu schreiben, was jetzt schon bald Protokoll, bald Tagebuch einer Inszenierung hieß. Am 31. Mai 1965 sollte die Uraufführung des Schauspiels »Der Sommer« stattfinden, der Autor, Ende Dreißig, hieß Romain Weingarten. Es war Anfang März, der Probenbeginn für Mitte April festgesetzt. Spielte beim Eifer der Fürsprecher der Vorsprung mit, den die Darmstädter Uraufführung vor der Pariser hätte? Hering vor Barrault? Nein, versicherte man mir später. Als das Stück angenommen wurde, habe man davon noch gar nichts gewußt.

An allen Proben und Besprechungen müsse ich teilnehmen, sagten sie mir, und sie fanden, die würden ein unglaublich spannendes Unternehmen für mich. »Aber ich verreise, drei Wochen lang, ich bin im April nicht da«, wandte ich ein. »Das schadet nichts, es darf nichts schaden«, erwiderte Hering, dessen Doktortitel ich von nun an weglasse und der mir soeben eine Probe seiner Überredungskunst gegeben hatte. In seiner Begeisterung blieb er unbeirrbar und war auch ansteckend.

Ruodi Barth, Ausstattungsleiter des Theaters, sollte das Bühnenbild entwerfen, Bruno Maderna eine Bühnenmusik für den römischen Flötisten Severino Gazzeloni komponieren. Hering selber wollte Regie führen, wobei er daran dachte, sich von einem Pantomimen unterstützen zu lassen. Er redete von einem Monsieur Le Coc [oder Coque], in ehrfürchtigem Ton wie von einer Berühmtheit; ich hatte den Namen nie gehört, aber das besagt nichts.

Bald darauf las ich das Stück, eine »Dramatische Erzählung in sechs Tagen und sechs Nächten«. Es gefiel mir nicht. Es war jetzt April. Ich wollte Hering sagen, daß ich ihm nicht protokollieren könne. »Das ist genau die Art Theater, mit der ich nicht viel anzufangen weiß« – so hörte ich mich schon und hörte auch Hering:»Schadet nichts, gar nichts, es darf nicht, im Gegenteil, das ist gut so . . .«

Mit Telefonaten erreichte ich ihn nie. Manchmal sprach ich mit Fräulein Dr. Vita Huber, seiner Lektorin, dramaturgischen Beraterin und Assistentin, dann mit der Dramaturgieassistentin Fräulein Dr. Zabrsa, einer genau so freundlichen, auch sehr jungen und ebenfalls österreichischen Dame. Diese beiden einander ähnlichen und liebenswürdigen Doktorinnen beschwichtigten mich mit höflichem Mitleid.

Mir war klar, daß ich gar nicht mehr absagen konnte. Hering lud mich zu einer Informationsbesprechung in sein schönes Haus auf der Rosenhöhe ein. Ich war bereits jemand, den er für engagiert hielt. Der Garten, der milde Spätnachmittag, die angenehmen Möbel, die Stille, bitteres Bier, und dazu Herings überzeugendes Zureden. Er redete über das Stück, über den Pantomimen. Ich sagte nicht: Ich mache mir nichts aus Pantomime, die geht mir auf die Nerven. Ich sagte nicht: Ich besitze keine Leidenschaft fürs Theater. Ich sagte zu, zum zweitenmal und endgültig.

9 Uhr 30: Ich war mit Hering im Theater, in der Orangerie, verabredet. Er komme erst um elf, sagte mir ein junger Mann, der dazu beauftragt war. Als Protokollant mußte ich ihn nach Namen und Funktion fragen, so fing es an. Es war Herr Dr. Klein. »Ich laufe unter Dramaturgieassistent«, sagte er, als ob er sich dafür entschuldigen müsse. Mit ordentlicher Frisur, gewissermaßen bürgerlicher Kleidung und höflich-vorsichtigem Auftreten paßte er nicht zu meiner Vorstellung von Theaterleuten. Er führte mich über einen langen schmalen Flur in die ersten Etage des ehemaligen Gewächshauses aus dem Barock in Richtung Dramaturgie. An Fenstertischen stichelten Schneiderinnen, sie hatten sehr wenig Platz dazu. Längs der Wand hingen Kostüme nebeneinander und übereinander, es sah provisorisch aus. Wir erreichten die ruhigen Räume des Südwestanbaus mit den Büros der Dramaturgie. Hier habe einst Sellner residiert, sagte Dr. Klein, der etwas ratlos sich dazu verpflichtet fühlte, mich bis zum Eintreffen des Dramaturgen, Dr. Lorenz, zu unterhalten. Er hängte meinen Mantel auf, bot mir einen Stuhl an, setzte sich mir gegenüber, als gäbe es etwas zu besprechen, und vor der ersten ausführlichen Pause zwischen uns brachte ich meine unfreundliche Mitteilung an, der »Sommer« gefalle mir nicht. Klein – auch bei ihm, er erlaubte es, lasse ich den Titel weg – war zu höflich, um mir energisch zu widersprechen, er gab aber zu bedenken, Regie und Schauspieler könnten viel gerade mit dieser Art Theater anfangen. Der »Sommer« sei ein richtiges Spielstück. Darauf wußte ich keine Antwort, wie jeweils der Theatersprache gegenüber. Hier heißt proben »probieren«, man inszeniert ein Stück nicht, sondern man »macht« es, eine Schauspielerin spielt nicht etwa die Franziska, sie »macht« sie mit dem oder dem. Warum störte mich das? Was konnte mich in dem unaufwendigen Arbeitszimmer des Dramaturgen stören, wenn ich sachlich bliebe? Nichts. Es war ein ganz harmloses Angestelltenzimmer, ohne Schauspielerfotos und Maskott-

chen. Ich wollte aufschreiben, was darin war, und befreite Klein.

Der kleine Raum hat drei Fenster, zwei nach Osten, eins nach Süden. Ich sehe auf verregnete Teiche, auf die heute morgen friedliche geometrische Anlage des Parks namens Orangerie, die Rasenflächen schon frühlingshaft grün, die alten Kastanienbäume noch kahl braun. Den schlecht asphaltierten Hauptweg, die Nordsüdachse durch den Park, säumen noch nicht die Kübel mit Orangenbäumchen, aber das Vogelgezwitscher hört sich schon sommerlich an. Über dem Schreibtisch des Dramaturgen, Blick Richtung Osten, hängt ein Fayenceteller mit der Aufschrift in Frakturtypen: »Du hast im Leben tausend Treffer / Man sieht, man hört, man geht vorbei / Doch nie vergißt der kleinste Kläffer / Schießt du ein einzig Mal vorbei.« An der Wand gegenüber: die Reproduktion eines abstrakten Bildes, eine dunkelfarbige Beschäftigung mit dem Wort OMIKRON. Im Schrank nicht viele Bücher, Ordnung auf dem Schreibtisch. Ich sitze auf einem der drei Besucherstühle am Besuchertisch, alle Möbel, weder kühn modern, noch kühn altmodisch, auch nicht büromäßig schäbig, eher spießbürgerlich adrett, entsprechen einem unverfänglich-uniformen Einrichtungsstil. Auf dem Tisch: Jean Gebser, »Lorca oder das Reich der Mutter«. Ein großes grünes Plastikdreieck. Ein großer grüner gläserner Aschenbecher, der leer ist, in seinem Umkreis befinden sich zwei unangebrochene Schachteln GITANE-Zigaretten und ein leeres Streichholzbriefchen, dessen Innenseite jemand, vermutlich im Verlauf einer Unterredung, mit Bleistift bekritzelt hat. Was unter dem zuoberst liegenden Rollenbuch von »Kiss me, Kate« steckt, kann ich nicht sehen. Eine große Papierschere beschwert ein Programmheft der Aufführung von Lorcas »Doña Rosita oder die Sprache der Blumen«. Vom Schreibtisch abgekehrt steht ein Drehsessel mit braunem Stoffbezug. Die Fenster können mit mattgrünlichen Vorhängen abgedunkelt werden. Über eine Lautsprecheranlage ist der Inhaber dieses Zimmers zu erreichen, auch übers Telefon, modisch beige.

Nebenan im Assistentenzimmer raschelte Klein mit Papierkram, ein irritiertes stockendes Arbeitsgeräusch, es hob sich ab gegen Stimmen von Leuten auf dem Kostümflur. Sonst nur Vogelgezwitscher und mein Husten, zehn Uhr und immer noch kein Dr. Lorenz, ich wartete, dachte an Arbeit, die ich zu Hause hatte, an das Stück »Der Sommer« und an meine nächste Offensive gegen es, beugte mich vor und sah den einen der beiden symmetrisch zueinander angeordneten Springbrunnen, den der Ostseite, und ab und zu alte Leute, die mit kleinen, noch nicht schulpflichtigen Kindern langsam herumgingen. Ja, meine Theatertätigkeit fing mit Warten an.

Dann traf Dr. Lorenz ein, dicklich, mittelgroß und Anfang Dreißig mit einem blassen Gesicht, auf das die Bezeichnung pfiffig paßte, braunen Augen, braunem Haar, in braunem Anzug. Ihn begleitete ein riesiger träger Colliehund. Während Lorenz etwas Post durchsah, beschnüffelte mich der Hund »Burek«. Beide, Herr und Tier, brachten Ruhe und Behagen in dies Zimmer. Außerdem taten sie mir damit wohl, genausowenig theatermäßig zu wirken wie Herr Klein, wenn auch auf andere Weise als er. Ganz unabhängig von seinem Chef Hering habe er, Lorenz, selber die Idee gehabt, ein Tagebuch dieser Inszenierung schreiben zu lassen, erzählte mir Lorenz, nachdem ich auch ihm angedroht hatte, ich werde versuchen, meiner Aufgabe noch auszuweichen. Lorenz gab sich amüsiert und erschüttert. Er saß und schaukelte und drehte sich guter Laune in seinem Sessel, würde so rasch nichts ernst nehmen, das Telefon klingelte mehrmals, und er reagierte langsam und widerwillig darauf.

Der Bühnenbildner kam herein, Ruodi Barth, Anfang oder Mitte Vierzig, ein ruhiger Schweizer, größer als Lorenz und vielleicht etwas weniger dicklich. Wieder jemand, der meiner Vorstellung vom Theatermenschen nicht entsprach. Lorenz sagte ihm sofort: »Der gefällt das Stück nicht, Ruodi.« Barth sah man an, daß er über diese Mitteilung

11

nachdachte, er war der erste. Warum das so sei, fragte er. Ich sagte es. Zeit, in diesem Protokoll endlich von dem Stück zu reden.

Das Unsichtbare ist der Held dieser »dramatischen Erzählung«. Die Hauptpersonen treten gar nicht auf: ein Liebespaar, Gäste einer von zwei Kindern und zwei Katern verwalteten Pension, das man nur indirekt, aus den Dialogen dieser vier Sichtbaren, kennenlernen kann. Dem Zuschauer bleibt es – hinter der Pensionsfassade, hinter verschlossenen Fenstervorhängen, hinter Laub und Gehölz von Bäumen und Gebüsch, auf Spazierwegen, über die sie hinter der Szene promenieren – bis zum Schluß verborgen. Die vier auf der Bühne wissen mehr, sie sehen und hören das Paar, und ihre Neugier ist es, die dem Stück Stoff liefert. Ihre Beschäftigung mit den Unsichtbaren muß diese schließlich fast sichtbar machen. Das anfangs wahrscheinlich glückliche, nachher unglückliche Paar trifft am ERSTEN TAG ein, reist getrennt wieder ab, sie am FÜNFTEN, er am SECHSTEN TAG. Zu sehen bekommt man nur etwas Zubehör: erstens einen Ring, den die Frau im Pensionsgarten verliert und der schuld an ihrem undeutlichen Unglück zu sein scheint, den dann die Katzen finden und stehlen, und der am Ende, im Besitz der Kinder, zum Symbol für eine etwas pantheistisch getönte Liebe avanciert. Zweitens: ihre Koffer, die über die Bühne getragen werden.

Die Sichtbaren, die für uns die Unsichtbaren beobachten und belauschen, sind Geschwister: Simon, den der Autor »imbécile« haben will, und seine Schwester Lorette, beide zwölf oder dreizehn Jahre alt; ihre Gegenspieler, die Kater, heißen Kirschentupfer und Seine Zwiebeldurchlaucht. Hörbar, nicht sichtbar, spielt noch die »Stimme der Frau« mit, vielleicht als Stimme der unsichtbaren Liebespaarfrau gedacht. In elegischen Monologen trauert sie um eine vergangene Liebesgeschichte – also ist der ganze Sommer vielleicht längst vorbei, wird vielleicht von den sechs Tagen und Nächten aus der Erinnerung berichtet, eine Rückblende das

12

ganze Spiel, die Darstellung des Vergangenen, traumhaft verändert?

Leidenschaft und Abschied des Paares beunruhigen vor allem Lorette, sie zettelt Nachahmungsminiaturen mit den drei andern an, hauptsächlich um zu erfahren, »wie das ist, die Liebe«. Im Verlauf ihrer Kopie verwandelt sich das friedfertige tumbe Kind Simon, dem es vorher genügte, die Tiersprache zu verstehen, in einen klugen Erwachsenen; die Tiere versteht er dann nicht mehr, aber dafür die Menschen.

Zwischenwesen sind die beiden Kater. Ebenso wie die Metamorphose Simons entzieht ihre Existenz sich genauen Fragen. Ihre nicht nur sinnlosen, sondern auch schlecht übersetzten Namen – Kirschentupfer heißt Moitié Cerise im Original, Grandeur d'ail die Zwiebeldurchlaucht – treffen auf nichts Besonderes zu, meinen nichts weiter. Tagsüber sollen die Kater sich wie »etwas mürrische Ästheten« benehmen. Da zetern und nörgeln sie, denen bloß der Anblick verlockenden Getiers rings um die Szene eine Spur von zärtlich-gefräßigem Engagement abgewinnen kann. Nachts aber läßt Weingarten sie als »geheimnisvolle Magier« auftreten. Dann verlieren sie ganz, was tags an ihnen angenehm ist: abseitige Komik, kalauerhafte Skurrilität. Die liebenden Gäste unterstehen offenbar nachts ihrer Beeinflussung, die Weingartens Dämonismus sich urgewaltig denkt.

Die Unsichtbarkeit erhöht das Paar symbolisch zum Prototyp. Der Autor möchte in ihnen vielleicht das Liebespaar schlechthin vorstellen: ein Pathos, das mit dem der rätselhaften Tiermagie korrespondiert. Der Schlußsatz des Stücks, gesprochen von Simon, romantisiert die Natur, auf die vertraut wird: »Wir bleiben allein zurück, aber über dir, kleine Schwester, fließt der Himmel, ein Fluß, und ein Fluß im Grase unter dir.« Zugleich ein kennzeichnendes Beispiel für Weingartens Art, lyrisch zu sprechen.

Das Stück, kein Schauspiel, sondern dramatische Erzählung, ist folgerichtig nicht in Akte und Szenen gegliedert. Auch von Bildern kann man nicht sprechen, es bleibt bei einem einzigen: »Ein Garten. Rechts hinten das Haus. Tür zum Garten. Drei Fenster in der ersten Etage. Links und rechts Gartentische. Ein Baum. Es ist Sommer.« Jene sechs Tage und sechs Nächte des Untertitels teilen den Ablauf ein.

DER ERSTE TAG beginnt nach des Autors Wunsch mit Musik – im Textbuch macht er keine genaueren Angaben. Dann folgt die »Stimme der Frau«, resümierend. »Lang ist es her«, teilt eine Zeile ihres ungereimten, insgesamt siebzig Sekunden langen Monologs mit. Simon tritt auf, er deckt einen der beiden Gartentische, den für die Kater, es macht ihm Schwierigkeiten, Vogelgezwitscher lenkt ihn ab, er grüßt hinauf ins Geäst und so trifft ihn Kirschentupfer, der bei seinem kurzen Auftritt schlechte Laune und Spott zu erkennen gibt. Lorette kommt mit Schulheften, versucht, Simons Faust, in der sie ein Geheimnis zu finden hofft, zu öffnen und ist enttäuscht über den Kiesel, der darin war, enttäuscht über den ganzen Bruder, diesen läppischen, unzugänglichen kleinen Trottel, den sie trotzdem mag und aufheitern möchte: sie liest ihm den Anfang eines Schulaufsatzes vor.

»An der Vordertür des Hauses wird geläutet. Glocke. Kurzer Spannungsmoment.« Lorette läuft weg, Simon sinnt über sie nach. Lorette kehrt zurück und ruft die Kater zum Essen; wer an der Tür war, verrät sie nicht. Auftritt beider Kater, in pomadiger Verfassung. Während sie im Frühstück herumstochern, zanken sie sich, mißgönnen einander jeden einzelnen, im Laub über ihren Köpfen zwitschernden Vogel, sie kennen alle beim Namen, sie reizen einander, sind aufeinander neidisch und neugierig. Übrigens sollen sie Straßenanzüge tragen. Darauf, daß sie Kater sind, weist bis jetzt noch am ehesten ihre auf Vögel eingestellte Geschmacksrichtung hin. Während ihrer Mahlzeit sind sie mit Simon allein auf der Bühne. Dann wird auch über die Gäste geredet, die unsichtbaren Helden des Sommers. Und man erfährt etwas über das Läuten vorhin: es war »Die Nachbarin«. Die Kater können sie nicht leiden. Aber sie können gar niemanden leiden.

Simon räumt ihr Geschirr ab. Das Geplänkel geht weiter und um nichts. Lorette tritt wieder auf, eine Unterhaltung zwischen ihr und den Katern verrät, daß sie – wenigstens im Augenblick – die Tiersprache nicht versteht, die Kater aber verstehen soeben die Menschensprache und halten Lorette zum Narren. Die Kater sind müde, sie legen sich hin. Lorette ruft nach Simon, sie geht einkaufen und erteilt dem Bruder Aufträge, angeblich übermittelt von einer Mama, die, den Katern zufolge, seit einem Jahr tot ist. Unterdessen wurde es bereits Nacht.

ERSTE NACHT. Jetzt betätigen die Kater sich als »die heimlichen Priester eines Kultes« und bereiten »alle Orte vor, an denen sich die Ereignisse abspielen werden, deren Ablauf sie schon kennen«. Diese Regieanweisung ist nötig, denn aus den Beschwörungsformeln, die unabhängig voneinander die Kater in die Nacht rufen, geht kein Zweck hervor.

ZWEITER TAG. Wieder sitzen die Kater an ihrem Tisch beim Essen. Sie setzen ihr mißtrauisches Geplänkel des ERSTEN TAGS fort. Wieder ist auch, zwar verschlüsselt, von den Gästen die Rede. Die Kinder treten auf. Aus dem Spiel zu viert, schwierig, da sie sich bald verstehen, bald nicht verstehen, wird Streit, dann stiftet Lorette Frieden, sie schmückt Kirschentupfer mit einer großen Schleife. Es läutet wieder. Wer mag es sein? Alle sind neugierig. Die Nachbarin? Die Gäste? »Simon kommt mit zwei Koffern durch den Garten herein.« Lorette hat ihm die Ankömmlinge als »Mamas Freunde« vorgestellt, daran aber scheint er nicht zu glauben. »Liebespaar«, sagt er verächtlich und lachend. Der Autor will an dieser Stelle, daß die Kater sich »bedeutungsvoll« zulächeln. Und wieder ist es Nacht. Ein Fenster wird hell, hinter ihm wissen die andern das Liebespaar. Mit der Doppelbedeutung hat es endgültig angefangen, die Kater wünschen sich pathetisch »Gute Wacht«. Es gibt keine ZWEITE NACHT als Extrastück.

DRITTER TAG. Die Kater fixieren eine Fliege, sie sitzen diesmal am Kindertisch, auf der andern Bühnenseite. Um die Fliege gibt es Streit. Seine Zwiebeldurchlaucht liebt sie, es ist Manon. Kirschentupfer, eifersüchtig, stellt ihr nach. Dies Gezänk dauert bis zum Auftritt Lorettes, die zum Frühstück ruft – dann geht es weiter. Wegen der Gäste bittet Lorette um Ruhe, diesmal wird sie bloß von Kirschentupfer verstanden. »Lorette träumt«, heißt die Regieanweisung für die folgende Stelle. Sie träumt von den Gästen, die beschäftigen ihre Phantasie. Simon indessen fällt es ein, die Kater mit einem Grashalm zu kitzeln. Kurze Einlage: ihr Gealber. Dann wieder die Gäste. Wer sind sie? »Mamas Freunde«, meint Simon und wird dafür von den Katern ausgelacht. Seine Zwiebeldurchlaucht will ihm was über die Liebe erzählen und nimmt sich und Manon als Beispiel. Nichts davon begreift Simon. Manon schwirrt über die Szene. Simon fängt sie und läßt sie wieder fliegen. Viel Wirbel um Manon. Bis es wieder läutet, bis wieder Lorette weggeht um zu öffnen: ein Augenblick, für den der Autor wieder »allgemeine Spannung« fordert. Simon wiederholt sein Grashalmspiel, wird abgewiesen und macht sich daran, sinnlos, aber akribisch Stühle, Harke und andere Gegenstände umzugruppieren. Lorette kehrt zurück. Es sei die Nachbarin gewesen. Sie liefert einen ausführlichen Bericht über die Neugier und die Aufdringlichkeit dieser Person. Nach dem Liebespaar habe die Nachbarin sie ausgefragt. Mit Absurditäten hat Lorette sie abgewimmelt. Sie genießt nachträglich lachend ihren Trick. Schickt dann Simon zum Einkaufen weg, wieder im Auftrag des Phantoms Mama. Scheucht die Kater auf. Seine Zwiebeldurchlaucht verläßt beleidigt die Bühne. Kirschentupfer bleibt zurück. Er und Lorette, sie reden darüber, was Kirschentupfer sagen würde, wenn er sprechen könnte. Er würde die Gegenstände benennen, sagt er, der sprechen kann, für den Fall, daß er sprechen könnte. Und Lorette, schließlich allein auf der Bühne, ahmt ihn nach. Am Ende des DRITTEN TAGS wendet sie sich ans Publikum mit einer

Verbeugung und den Worten »Man hätte sich nichts mehr zu sagen, meine Damen und Herren«.

DRITTE NACHT. »Das Liebespaar ist im Garten, aber man sieht es nicht.« Man merkt es jedoch, weil Simon auf der Lauer liegt, um es zu beobachten. Lorette erscheint im Nachthemd, sieht Simon noch nicht, so daß sie erschrickt, als er hinter sie tritt. Er führt sie zum Guckloch, zeigt ihr das Versteck des Liebespaars. Auch sie ist fasziniert. Simon fühlt sich durch den Anschauungsunterricht verleitet, Lorette zu küssen. Sie will das aber nicht so unverblümt und ungehobelt, so ohne Kunst. Sie möchte das richtig mit ihm studieren, mit Dialog der Verliebten, sanfter Umarmung, ohne Kuß. Simon, zu ungeschickt oder zu verwirrt, genügt ihr nicht als Übungs-liebhaber, sie resigniert. Beide gehen ins Haus. Die Kater lösen sie ab, magisch redend wie es zu ihren Nächten paßt. Sie finden den Ring, den das Paar verloren hat, sie verstecken ihn, aber Simon hat sie, vom Haus aus, dabei beobachtet.

VIERTER TAG. »Alle im Sonntagsstaat.« Die Kater fangen an. Beide stehen hinter offenen Fenstern der Pension. Kirschen-tupfer befindet sich im Zimmer des Paars, er berichtet: »Er zieht sein Hemd an.« – »Und sie?« will Seine Zwiebeldurch-laucht wissen. Kirschentupfer: »Sie? [geheimnisvoll] Ich weiß nicht!« Seine Zwiebeldurchlaucht: »Ist mir auch egal. Der Mensch ist verantwortlich für seine Fortbewegung in der Nacht wie für die Fortbewegung des Flohs. So lautet mein Testament.« [Dies als charakteristisches Dialogbei-spiel.]
Simon sucht und findet den von den Katern gestohlenen Ring. Seine Zwiebeldurchlaucht, mit der Fliege Manon auf dem Finger, entdeckt das gerade noch rechtzeitig, er be-schimpft Simon, gleichzeitig berichtet Kirschentupfer aus dem Zimmer des Paars, die Frau klage um ihren verlorenen Ring. Die Kater verfolgen Simon, schreien Diebstahl. Der Ring gehöre ihnen. Simon wehrt sich. Lorette will wissen,

was los ist. Im Kampf um den Ring siegt Simon, Lorette versteht nichts. Ahnungslos berichtet sie dem Bruder von der Frau oben, die sich nach dem verlorenen Ring sehne. Simon verrät nichts von seinem Besitz, ja zum Schein hilft er Lorette beim Suchen. Die Kater stürzen dazu, in ungeminderter Entrüstung. Simon hält Seine Zwiebeldurchlaucht mit einem erfundenen Brief zum Narren, den seine geliebte Manon angeblich auf einen Zigarettenstummel geschrieben hat und in dem sie Leidenschaft für Simon gesteht. Seine Zwiebeldurchlaucht gerät außer sich vor Eifersucht. Simon rutscht auf dem Boden herum, läßt Manon auf sich reiten, treibt Seine Zwiebeldurchlaucht bis an die Grenzen dessen, was er ertragen kann. Geschrei, Toben, Gezeter. Bis man die Dorfkapelle hört. Die Kinder wollen zum Jahrmarkt, schleifengeschmückt sollen die Kater mit, bleiben aber aus irgendeinem Grund zurück. In Fortsetzung ihres kleinen Dauerkriegs versuchen sie, einander mit Tierstimmenkopien zu übertreffen. Nach einer Eidechse Daisy legen sie sich auf die Lauer, und so finden die Kinder sie, Lorette schwärmt vom Jahrmarkt und vom Liebespaar, mit dem sie dort war. Mit seinen zwei Spielzeugpistolen zielt Simon auf Daisy, es gibt neuen Aufruhr, die Kater haben Angst, flüchten – Lorette versteckt sich, läßt »hinter der Hecke schwankend eine Papierrose aufsteigen«, und Simon zielt nach ihr und schießt. Lorette schreit auf und stellt sich tot, noch in Simons Armen, bis sie lachend den Spaß verrät. Simon aber bleibt erschrocken. Er läuft weg, die Kater kehren zurück, in Sorge um Manon und Daisy.

VIERTE NACHT. Kirschentupfer, allein, redet verliebt mit Manon. Lorette, Simon suchend, tritt auf, man hört Tanzmusik in der Ferne, der Kater und das Kind tanzen sich lyrisch von der Bühne weg. Der betrunkene Simon ersetzt ihre Anwesenheit, vom Whisky des Liebespaars lallend; dann fällt er hin und schläft ein. Die Magierkater tauchen auf und in einem imaginären blutrünstigen Gelage fressen sie Simon. Erwachend vertreibt er sie und weckt auch die in dieser Nacht verängstigte Lorette, er hat keine Angst mehr und führt sie tröstend zurück ins Haus. Katerdämonie, einige Zeilen lang. Zum Schluß die »Stimme der Frau«, von Liebe und Erde schwärmend.

FÜNFTER TAG. Simon teilt Lorette beklommen mit, die Frau des Liebespaars sei abgereist. Sie hat den Mann verlassen. Die Kinder sind verzweifelt und verschreckt, die Kater sind wie immer und wollen frühstücken. Simon versteht es plötzlich, wie ein normaler Mensch zu reden, er tröstet Lorette, indem er sie die Frau, Lila, spielen läßt: wie sie weggeht, und dann, wie sie zurückkommt. Die Einbildungskraft stellt die Welt her, die sie sich wünschen. Simon, seit der Besäufnisnacht offenbar erwachsen, glaubt jetzt auch nicht mehr an die schemenhafte Mama, und er versteht die Katersprache nicht mehr. Lorette, die sie an diesem Tag versteht, erfährt nun zum erstenmal, daß Simon den Ring des Liebespaars gestohlen hat. Sie verläßt die Bühne in großer Verwirrung und mit dem Satz: »Jetzt verstehe ich gar nichts mehr.«

FÜNFTE NACHT. Alle vier sind auf der Bühne, sie beobachten den Liebhaber, der irgendwo im Garten sitzt. Ihr Mitleid mit ihm und mit sich selber, ihre Sehnsucht nach Lila, seiner Geliebten, führt schließlich dazu, daß alle weinen. Lorette beschwört Simon, den Ring zurückzugeben. Er geht und kommt wieder mit der Botschaft des Liebhabers: »Weint nicht.« Daraufhin weinen sie erst recht. Die Vorderbühne wird hell, im Hintergrund verschluckt die Nacht Kater und Lorette, während vorne Simon mit dem Koffer des ebenfalls abreisenden Mannes vorbeigeht.

SECHSTER TAG. Seine Zwiebeldurchlaucht spielt Karten, Kirschentupfer überbringt ihm einen »quadratmetergroßen« Brief, aus Rom, von der Fliege Manon. Die Kinder, nach kurzem Katergequengel auftretend, sind noch immer niedergedrückt. Zur Rettung fällt ihnen bloß wieder das Spiel ein.

Als Liebespaar, Pierre und Lila, machen sie sich deren Versöhnung und Zusammengehörigkeit vor. Die Kater sollen dazu die Vögel spielen. Kuß, Umarmung, zärtliche Wortwechsel werden wieder geübt. Sie kopieren den Verlust des Rings. Simon scheint ihn in der FÜNFTEN NACHT doch nicht zurückgegeben zu haben, denn jetzt zeigt er ihn der Lila-Imitation Lorette, die bald verzweifelt, bald sich beruhigen läßt. Seine Zwiebeldurchlaucht soll den Herrn darstellen, der Lila – so denkt es sich Lorette – abgeholt hat, von Pierre weg. Das Spiel aber artet zu unheimlicher Verfolgung aus. Lorette, vor Angst schreiend, rennt fort. Simon setzt die Pierre-Kopie fort, während Lorette, zurückgekehrt, nun als Lorette mit ihm spricht: über Lila, und um ihn, denn nur gespielten Pierre, zu besänftigen. Umgekehrt tröstet danach er, der falsche Pierre, die richtige Lorette. Verwandlungen über Verwandlungen.

SECHSTE NACHT. Die Kater, in Katzenmasken und elegant, schieben in einem großen Kinderwagen Lorette, die schläft und ein Prinzessinnenkleid trägt, das selbstgemacht aussehen soll. Die Kater reden nächtlich-geheimnisvoll. Lorette, aufgewacht, stimmt ein. Sie fragt nach ihrem Bräutigam, akzeptiert als solchen Simon, den die Kater vergeblich warnen: »Laß dieses Spiel, sonst bist du verloren!« [usw.]. Simon hält den Ring hoch und spricht die symbolträchtigen Schlußworte, eine kleine emphatische Predigt, eine Lobrede auf die Natur.

Ich hörte oft den Einwand, man müsse dies Spiel nicht begreifen, um es zu genießen. Was sei etwa an der Schönheit einer Blume zu erklären und zu verstehen. Das hilft mir nichts. Ich mag den Vergleich zwischen einem Naturprodukt und einem Kunstprodukt nicht. Abgesehen davon vermöchte die Schönheit einer Blume gewiß nicht zweieinhalb Stunden lang das Interesse selbst dieser naturfrohen Apologeten wachzuhalten.

In der Dramaturgie saßen wir und redeten über die Besetzung der Lorette. Wäre die vorgesehene Darstellerin zu erwachsen? Würde sie überzeugend durch eine pubertäre Traumwelt hüpfen, zwei Männer für Kater halten, oder zwei Kater für Männer? Lorenz bestellte Bier per Telefon. Ich konnte mir noch gar nicht vorstellen, was auf der Bühne aus den Kindern und den Katern werden würde. Ich fragte nach der Bedeutung des Rings, seines Verlustes und des Versteckspiels um ihn. Werden durch ihn die Kinder erwachsen? Ich verstand, an diesem 23. April, nur wenig von dem Stück, und dabei blieb es auch in Barths Atelier angesichts des Bühnenbildmodells, das mir gefiel. Für die normale Bühnenschräge erfand er eine Wölbung, die sich dazu eignen würde, differenziert und abwechslungsreich mit Tages- und Nachtbeleuchtung zu spielen. Auf einem Podest im Hintergrund befanden sich in einer grauen Fassade drei hohe Fenstertüren, verschließbar durch altertümliche Klappläden, die auch an den Lichtvariationen beteiligt wären. Eine Treppe mit trapezförmigen Bretterstufen führte links zum Podest, der Veranda des Hauses. Die Fenstertüren waren nicht in gleichem Abstand voneinander angebracht. Senkrecht gespannte Drähte, dünne Drahtwäldchen, rahmten rechts und links die Szene ein; waagrecht auf die Drähte gespießt waren, in Abständen von wenigen Zentimetern, unregelmäßig geschnittene Vierecke, trapezförmige, rhombenförmige, Parallelogramme, im Modell etwa drei Quadratzentimeter groß, bei einem Bühnenausschnitt von vielleicht achtzig Quadratzentimetern – dies bleibt ungenau, weil auf mein Fragen niemand antworten wollte. Beide, der eine auf schweizerisch, der andere darmstädtisch, fanden mein Mitnotieren amüsant, meinen Eifer nicht ansteckend. Ich freute mich eigentlich über ihr Understatement. Rötlich, violett und blau angestrichen, konnten die Papierschnitzel durch Beleuchtungseffekte auch andere Tönungen annehmen: Barth machte es vor. Das Bühnenbild war maßstäblich gebaut. Ein Papiermännchen, der Hauptdarsteller beim Bühnenbildner, agierte jetzt auf der Szene und stellte für mich die Proportionen klar, nahm Entfernungen und Höhen vorweg. Die Schräge werde ein paar Zentimeter weniger schräg, sagte Barth. Jetzt befinde sie sich sechsundzwanzig Zentimeter über der normalen Augenhöhe der ersten Reihe. Das bedeute, daß man die Bühne im Orchestergraben ausbauen müsse, so rutsche die Schräge wesentlich tiefer. Hier in der Darmstädter Orangerie richte man sich nach dem Augenpunkt des bloß physisch kleinen Oberbürgermeisters von seinem Premierenstammplatz in der Mitte der ersten Reihe aus.

Was für Vorbereitungen hatte ich versäumt, vor diesem Dreiundzwanzigsten, meinem ersten Arbeitstag? Einerseits, dem Vernehmen nach, »ungeheuer viel«. Andererseits: gar nichts von Bedeutung. Immerhin eine Besprechung mit dem Autor. Der berühmte Le Coc war durch Klaus Boltze, Lehrer für Pantomime an der Westfälischen Schauspielschule in Bochum, ersetzt worden. Aus welchem Grund? Keine Auskunft. So war es nun einmal. Man redete von einem »ergiebigen Gespräch« mit den Schauspielern. Die Besetzung stand fest, vielleicht bis auf die der Lorette. Seine Zwiebeldurchlaucht: Paul Gogel. Kirschentupfer: Anfried Krämer. Simon: Karl-Albert Bock.

Wir waren immer noch in Barths Atelier, fünf Minuten entfernt von der Orangerie, im Hinterhof einer Gasse des Stadtteils Bessungen. Der Hund Burek schlief schon wieder. »Zu mir dürfen Sie böse sein, aber nicht zu meinem Hund«, warnte Lorenz vorbeugend. Barth erläuterte seine Vorstellung von den Katerkostümen. Sie sollten normal sein, mit geringem, keineswegs weihnachtsmärchenhaftem Katzenzubehör, eventuell mit Brillen, die verändernd wirken würden, sobald es angebracht war, etwa nachts also. Und Schwänze? Natürlich auf gar keinen Fall. Das Publikum solle die Kater als beides sehen, als Katzen und als Männer. Das müsse mit den Kostümen erreicht werden, abgesehen vom Spiel. Barth plante normale sommerliche Straßenanzüge, die er vielleicht tigerhaft flecken wollte. Übrigens schien auch er mir nicht überschwänglich vom »Sommer« angetan. Er sagte, für sie alle gehe es doch immer wieder darum, sich von Stück zu Stück, von einer Aufgabe zur anderen, selber zu stimulieren und zu ermutigen. »Und wir müssen den Schauspielern eine Tür oder ein Fenster in die Wand schlagen, damit sie 'raussehen können in das ihnen fremde Gebiet.« Während der Fahrt zur Orangerie in Barths rotem Caravan, wo ihn der Hund Burek am Ganghebel störte, beschwor er mich, auf alle Fälle zu Protokoll zu geben, daß in seinem Garten dieses Jahr die Radieschen nicht wüchsen. Und daß überhaupt alles verkümmere, dieses Jahr, im Garten Barth.

11 Uhr: Wieder in der Orangerie. Im Zimmer des Intendanten ließ man mich allein. Das große Fenster auf den asphaltierten Platz an der Vorderfront des Theaters stand offen und ließ kühle Regenluft ein. Mir gefiel die sachliche Einrichtung. Hier war keiner darauf aus, zu repräsentieren, auch nicht auf Behaglichkeit. Aus seiner Ankunft machte Hering einen Auftritt, der bühnenreif war wie die meisten seiner Aktionen. Den dunkelblauen Mantel warf er ab, man muß es schon so sagen, behielt den schwarzen Wollschal an und die dunkle Brille auf und sah etwas mephistophelisch aus. Das Stück gefalle mir noch immer nicht? Ausgezeichnet. Das sei ein Gewinn für unsere Unternehmung, Distanz wünsche er sich. Ich solle neugierig sein und schreiben. Er schenkte mir in sein privates Silberbecherchen mit den Initialen G. F. H. bitteren hochprozentigen Fernet Branca ein, eins der zahlreichen Lieblingsgetränke hier im Haus. Unsere Besprechung war zu Ende.

Mit Lorenz fuhr ich zum Großen Haus, dem ehemaligen Theater der Darmstädter, einer klassizistischen Halbruine mit vielen Behelfsunterkünften, beispielsweise für Betriebsbüro, Mietabteilung, Probebühnen, Kostümmagazine. Die Darmstädter wollen dies Theater wieder aufgebaut haben, einmal aus Lokalsentimentalität, dann auch in der Hoffnung auf monströse Operninszenierungen und Abendkleider – Wünsche, die das Provisorium Orangerie nicht erfüllt.

Während der Fahrt schwärmte Lorenz von Barth. Er sei ein verkappter Regisseur und außerdem der beste Bühnenbildner, den es zur Zeit in weitem Umkreis gebe. Ich saß auf dem Platz des Hundes Burek, der im Fond schlief; da ließ ihn Lorenz zurück, und wir gingen zur Probebühne II. Unterwegs, im düsteren steinernen Treppenhaus, riet Lorenz mir, jede Stufe hochzuachten, denn Hartung habe sie im Verlauf seiner Darmstädter Intendantenzeit täglich viele Male benutzt, dies war der Weg zu seinem Zimmer, jetzt eine verkommene Sackgasse. Vor der Tür zum Probebühnensaal wartete eine aufgeregte blonde Schauspielschülerin. Ihr Gekicher hörte sich wie Vorläufer von Weinen an. Ich fand, sie sah so aus, als fehle ihr alles, was ihr beim Vorsprechen hätte Mut machen können. Barth und Lorenz zeigten weder Skepsis, noch Neugier, auch keine Aufmunterung. Sie redeten ohne Elan mit ihr. Man hatte ihr Weingartens Stück geschickt, sie war vorbereitet. Beim Sprechen wirkte sie endlich gewandter, ihre Stimme, mit Modulationen, Zäsuren, kurzem Gelächter und Seufzern, klang geübt. Hinter ihr blieb das Spiel zurück, blieb steif und gehemmt. Nie zeigte sie ihr kleines komisches ängstliches Gesicht hinter dem gerstenfarbenen Haarvorhang. Als sie fertig war und uns, die wir zu dritt in einer alten verpflanzten Bankreihe ihr gegenüber saßen, ansehen mußte, zeichneten sich auf der hellen Haut, bis über die Stirn, große hellrote Flecken ab, ihre vorher nur roten Hände waren jetzt fleckig blau und violett, die dunkle Farbe begann ohne Übergang am Handgelenk. Sie sah aus, als bekäme sie bald irgendeinen Anfall. War die Kühnheit, sich selber immerhin für bemerkenswert und vorführbar zu halten, anmaßend oder rührend? Selbstkritik besaß sie nicht, sie verbarg auch die unruhigen Hände nicht; gleichwohl spürte sie, daß ihr Publikum sie nicht gut gefunden hatte. Barth schlug langsam schweizerisch vor, sie solle zeigen, ob sie improvisieren könne. Höchst verwirrt starrte sie uns an, sie lächelte hilflos und schien zu erwarten, daß jemand von uns beiden andern, Lorenz oder ich, widersprach: Aber nicht doch, das ist doch viel zuviel verlangt. Das blieb aus. Barth arrangierte bereits das Inventar für eine kleine Szene. Er stellte ein hochbeiniges Tischchen hin: das sollte sie decken. Zwei Stühle bedeuteten den Rahmen einer Tür. »Durch diese Tür treten Sie ein«, gab er an. »Sie halten ein Tablett in der Hand, Sie decken diesen Tisch für zwei Personen. Währenddessen stören die beiden Katzen Sie. Klar?« Barth setzte sich wieder zu uns. Ich fühlte mich nicht mehr wie auf einer Probebühne; sie glich jetzt einem Untersuchungssaal, in dem ein klinischer Fall von Ungeschicklichkeit, Hemmung, Angst und Gestörtsein mit klinischer Neugier von uns begutachtet wurde. Das Mädchen, beflissen hantierend mit den imaginären Gegenständen, vergaß gleich am Anfang, daß sie zwischen den Stühlen, durch die nichtvorhandene Tür also, hatte auftreten sollen. Ihr Ausdruck wurde töricht vor Entsetzen, das entstellte auch ihre Bewegungen. Sie rannte zurück. Sie erschien von neuem, hatte Schwierigkeiten beim Gehen bis zum Tisch, den deckte sie mit provozierender Langsamkeit. Merkwürdige Mundbewegungen, immer die gleichen, bei denen sie die Lippen vor und zurück wulstete, halfen ihr über die schlimmste Nervosität hinweg, durch sie wirkte sie etwas beruhigter. Aber für uns sah es nicht gut aus. »Sie vergessen ja die Katzen«, rief Barth. »Die stören Sie. Sie müssen sie wegjagen.« Wieder ganz aus der Fassung gebracht, starrte sie uns an, mit einem Ausdruck zwischen Grinsen und Weinen. »Scheuchen Sie sie weg!« rief Barth. Lorenz sagte irgendwas Tröstendes, ungefähr: »Wir sind noch viel böser, als wir aussehen.« Die Kleine stand da und scheuchte weg, viel zu behutsam, und außerdem hatte sie dabei vergessen, daß sie ein unsichtbares Tablett halten mußte. Als sie das erfuhr, konnte sie nicht mehr, die Prüfer wollten nicht mehr. Sie hätten schon früher aufhören können. Davon, daß dies Scheitern nur in Nervosität begründet sei, ließen sie sich nicht überzeugen. Sanft und schon weinend versicherte das Mädchen, nur daran habe es gelegen. In den drei Jahren ihrer Ausbildung an einer Schauspielschule hatte niemand ihr klargemacht, was ihr zur Schauspielerin fehlte. Um ihre Gagen zu verbessern, verschulden Schauspieler an Anfängern oft so eine jahrelange Hinhalterei, erfuhr ich.

Das zweite Mädchen kam mir etwas sicherer vor. Auch sie war weder hübsch, noch bemerkenswert in anderer Hinsicht. Ihre Bewegungen waren nicht abwechslungsreich und etwas geziert. Mehr als ihre Vorgängerin hatte sie mit der Sprechtechnik Schwierigkeiten. Sie pumpte sich das Zwerchfell mit Luft voll, und klößig verquollen bemühte ihre Stimme, die alles sein wollte, nur nicht natürlich, sich um Lessing- und Shakespeare-Texte: nacheinander sprach sie Franziska und Viola vor. Dieses Fräulein gestand, nach längerer Krankheit habe sie sich soeben zum erstenmal wieder spielend und sprechend vor die Kritik von Fachleuten gewagt, ihre Ausbildungszeit sei beendet, die Abschlußprüfung bestanden. Sie sah aus wie jemand, für den »Barbara bittet«. Mich erstaunte es, daß Barth und Lorenz sich ihre Adresse geben ließen. Dieses Mädchen hatte nicht wie das vorige ein deutliches Fiasko erlitten, daher war es peinlicher und komplizierter, eine Ablehnung zu formulieren, war das der Grund für diese Show von Entgegenkommen und höflichem Interesse? Die beiden versicherten mir, begabte Mädchen seien heute so rar, daß man schon die halbbegabten im Auge behalten müsse, in der Hoffnung, sie könnten sich verbessern.

Barth fuhr mich in die Nähe der Straße, in der ich wohne. Über die Grausamkeit der Vorsprecherei waren wir einer Meinung. Sonst gab es an diesem Freitag nichts mehr im Theater für mich zu tun.

Es regnete wieder. Pünktlich um 10 Uhr 30 traf ich in der Orangerie ein. Die engen Flure des Parterre verstopfte schwatzend und lachend der Chor. Wie immer war die Portiersloge umringt von Männern mittleren Alters mit, vorläufig für mich, undurchschaubaren Berufen, von Männern in blauen Arbeitskitteln und Männern in Anzügen, alle sahen solide und normal aus wie Krankenkassenangestellte oder Bundesbahnbeamte und waren doch merkwürdig angesteckt von der verschwätzten, leicht exaltierten höheren Temperatur des Theaters. Im ersten Stock vor dem Zimmer der Gewandmeisterin, Frau Blum, begegnete ich Herrn Klein, der beauftragt war, mich zum Großen Haus zu fahren. Um halb elf spräche wieder eine Lorette-Anwärterin vor, eine Schülerin von Klaus Boltze, dem Pantomimelehrer und Mitwirkenden beim »Sommer«. Danach sollten zwischen Boltze und den Darstellern der Kinder Bewegungsfragen besprochen werden.

Die Probebühne II war überheizt. Boltze und Karl-Albert Bock, der zukünftige Simon, warteten bereits. Barth und Lorenz kamen zusammen und ohne Hund. Zuletzt, kurz vor elf, trat Hering ein, sein Referent Klaus Hellmold, Mitte Vierzig, groß, blond, Narbe am Kinn, begleitete ihn. Boltze, in schwarzem Cordsamtanzug und mit nach vorne gekämmtem, glatt am runden Schädel liegenden Haar, gab mit geschmeidigen eingeübten Bewegungen seinem Beruf recht. Zurückhaltend und introvertiert, absolut nicht schauspielerhaft und daher sympathisch kam mir Bock vor. Ich wußte an diesem 24. April noch nicht, daß er Theaterleuten auf einer Studiobühne der Technischen Hochschule aufgefallen war, daß man ihm zuerst eine kleine Rolle [im »Bruderzwist in Habsburg«] und dann eine größere [in »Baal«] gegeben hatte. Seine Begabung wiederholte nichts Gängiges. Bock schloß seinen Eltern zuliebe ein Ingenieurstudium ab, ehe er Berufsschauspieler wurde.

Boltzes Schützling aus Bochum war ein zartes hellblondes

Mädchen, jung genug für die Lorette. Wie die beiden von gestern gestand auch sie ihre Angst ein, nachts hatte sie nicht geschlafen. Hering informierte sich genau über ihre Lehrer und Unterrichtsfächer. Antwortend gewöhnte sie sich ein. Sie war mit mehr Begabung angezogen als die beiden Mädchen des 23. April, und trotz ihrer Scheu kam sie mir nicht gehemmt vor. An die spezielle Grammatik des Theaterjargons hielt sie sich bereits, indem sie das Verb »arbeiten« mit dem Akkusativ verband. Das geht hier einfach nicht anders. Sie hatte die Fanny und die Barbeline gearbeitet und führte das jetzt vor. Was sie bot, schien mir nicht aufsehenerregend zu sein, aber nicht unangenehm. Sie besaß ein gewisses Stilgefühl und Geschmack. Ungeniert legte sie sich zur Liebesszene der Barbeline [aus Frischs »Andorra«] auf den Boden und hob uns, die wir den angesprochenen Freund vertraten, ein enthusiastisch verliebtes Gesicht entgegen. Alle waren ganz angetan, wenn auch nicht hingerissen. Man wollte nicht in ihrer Anwesenheit über sie beraten, und Hering schickte sie freundlich aus dem Saal, bat sie dann, den Mantel anzuziehen und draußen zu warten. Es hatte heute morgen keine Hinrichtung stattgefunden. Das Urteil, schnell fertig, war trotzdem nicht günstig genug. Vom Typ her fand jeder sie gut: als Lorette. Dann aber die Einwände: zu monoton, es werde ihr nicht, noch nicht gelingen, ein Theater zu füllen, mit einer großen Aufgabe wie der geplanten erweise man ihr keinen Gefallen, man könne im Gegenteil zerstören, was jetzt, zaghaft erst, sich anbahne. Hering sagte emphatisch: »Was sie hat, ist die Wahrheit. Und das ist schon sehr viel.« Aber über ein Theater mit sechshundert Leuten zu dominieren, verlange mehr. Auch Klaus Boltze und der Bochumer Schule könne es nicht recht sein, von diesem Mädchen jetzt schon so viel zu verlangen. Zu früh, lautete also das Resümee, zu früh für jeden Beteiligten. Von Hering kam noch ein Zusatz: sie sehe ihm außerdem zu deutsch aus. Und damit wurde über sie, die draußen wartete, nicht mehr gesprochen.

Was sollen die Kinder anhaben? Welche Haarfarbe paßt am besten? Zwischen Hering und Barth begann ein Dialog, der ihre verschiedenen Auffassungen offenbarte. Hering wollte die poetischen Vorgänge des Stücks aus der Gegenwart weg in eine vage Vergangenheit verlegen. Gewissermaßen in eine Knickerbockerzeit, Schnürstiefel- und Matrosenblusenzeit. Er redete von Debussy und Badminton spielenden Kindern, so skizzierte er die Welt, die er sich für den »Sommer« wünschte. Barth widersprach leise und entschieden. Herings impressionistischer und artifizieller Bildvorstellung setzte er die Warnung vor allem Verspielten entgegen. Den Simon dachte er sich in Blue jeans oder einer Abart, Lorette einfach in Rock und Bluse, möglichst kindlich und unauffällig. »Wir wollen doch kein Abrutschen in die Wedekindzeit«, sagte er. »Und auch die Schuhe möchte ich undefinierbar normal.« Wie die übrige Bekleidung sollten auch sie überhaupt nicht auffallen. Hering bekam von neuem einen dekorativen Einfall, der ihn belebte. »Sollten wir zum Beispiel die Kleine barfuß laufen lassen?« Auch das mißfiel Barth, und er sagte es unumwunden. Barfußlaufen war ihm ebenfalls zu künstlich. Er selber bedauere übrigens immer Schauspieler, die barfuß über Bühnenböden gehen müßten, er sei einer von denen, die auf schmutzige Füße achten.

Jede dieser kleinen Fragen war wichtig. Das Stück selber stellte sie, und diejenigen, die es inszenierten, mußten sie mit größter Achtsamkeit und Skepsis beantworten. Mir imponierte sowohl Herings Ausdauer im Fragen, als auch die Entschlossenheit der Antworten Barths, der den Eindruck machte, als wisse er schon lang genau über seine Konzeption Bescheid. Beide veranstalteten hier kein Gerede, blieben untheatralisch. Herings Methode, fragend weiterzukommen, ergab einen produktiven Gegensatz zu Barths ruhiger Konsequenz. »Sieh mal, Ruodi«, sagte Hering – und nur das Anreden mit dem Vornamen erinnerte mich an meine Vorstellung von der Theateratmosphäre und bestätigte sie – »ich frage mich bei jeder neuen Sache von neuem: was ist zwei mal zwei. So ist das.« – »Drei«, antwortete Barth. »In Weingartens Stück ist zwei mal zwei drei. Und daher ist zum Beispiel auch Barfußlaufen auf der Bühne nicht dasselbe wie Barfußlaufen im Garten.« Obwohl Hering als Hilpert-Verehrer nun noch eine Hilpert-Anekdote zur Verteidigung des Barfußlaufens anbot, beschloß man auch diese Angelegenheit nach Barths Vorschlag, der eigentlich ein Verdikt war. Die Kinder würden also Schuhe tragen, und zwar solche, in denen sie es bequem hätten. Darüber würde noch beraten. Man blickte auf die schlanken Beine der Lorette-Darstellerin, die inzwischen eingetroffen war. Sie trug flache, weißgraue Schuhe. »So was Ähnliches«, meinte Barth, »aber noch leichter, noch mehr wie Ballettschuhe.« Woher werde sie die Schuhe bekommen? Vom Ballett? Aber nein, keine richtigen Ballettschuhe, selbstverständlich nicht, nicht mit den typischen Ballettschuhpolstern. Auch Boltz redete hier mit. »Also gut«, rief Hering mit seiner dominierenden Theaterstimme, »schön und gut, Ruodi, ich lege die gesamte Kostümvorstellung à la zwanziger Jahre ad acta, was sagst du nun!« Er war vergnügt und animiert. Ich fand bemerkenswert, wie gut er nachgeben konnte. Wie immer saß er etwas geduckt da, beschäftigte die Hände, rieb sie, breitete sie aus, hob sie dämpfend, warnend, auffordernd, schüttelte mit ihnen dunkelblonde Haarsträhnen zurück. Er schonte sich nicht, war keinen Moment in Ruhe. Nochmals und langsam, von jeder Pose weit entfernt, begründete Barth seine Aversion gegen impressionistische Kleider für dies Stück. Auch zu seinem Bühnenbild paßten sie nicht. Sie würden die Abstraktion der Mobiles an den Waldstangen – den Drähten des Modells – ad absurdum führen. »Ich möchte keinen eisernen Vorhang vor die heutige Zeit schieben«, sagte er. »Dann denkt doch jeder: ach, das geht mich sowieso nichts an.« Und ein letztes Mal, mit Pathos und Wärme, bekam er von Hering in allem, was dies betraf, recht und Vollmacht. Zwanziger Jahre, Impressionismus – das ging alles ein wenig durcheinander.

Fortsetzung der Fragen. Wie drückt man aus, daß Simon und

Lorette Geschwister sind? Wie geht, wie bewegt sich das Mädchen? Gewitzel, das dauernd stattfand, lenkte doch keinen ab.

Endlich fiel jemandem die Bochumer Schülerin wieder ein. Man besprach sich darüber, was in bezug auf Geld, Übernachtung, Rückreise aus ihr werden solle. Lorenz holte Bier. Barth strichelte für Boltz eine Zeichnung, aus der hervorging, wo auf dem einen der beiden Gartentischchen des Bühnenbilds die Gegenstände stehen würden.

11 Uhr 25: Chef und Referent verabschieden sich, unter der Leitung Boltzes beginnt die sogenannte Verständigungsprobe. Es steht genug Bier da. Wie verhalten sich Kinder, welches sind die unauffälligen Merkmale ihres Auftretens, ihrer Reaktionen? Boltze als Lehrer, Barth, der Vater ist, beide beraten die zukünftigen Kinder mit praktischen Beispielen, sie geraten darüber in Eifer und Erinnerungen. Sie erläutern oder machen vor, wie Kinder jemandem die Hand geben, sitzen, Bananen essen, herumlaufen. Die Darsteller der Kinder dürfen sich nicht erwachsen bewegen. Bocks Aufmerksamkeit ist ruhig. Die für die Lorette vorgesehene Schauspielerin ist aufgeregt. Sie fragt zurück, Bock schweigt. Sie wäre eine sehr vehemente Lorette. Sie hat sehr große, feuchte, dunkle Augen, einen bräunlichen Teint, der große Mund ist ungeschminkt. Sie ist schlank und mittelgroß und sieht nicht zwölfjährig aus, es wird anstrengend für sie sein, als Lorette zu überzeugen. Sie rafft sich am kurzen Haar herum. Tönen? Färben? Die Sache ist wichtig für sie. Ihrer Gewissenhaftigkeit merkt man an, daß es ihr ernst ist. Was ihr gesagt wird, versucht sie mit Passion zu verstehen, um es auszuführen.

Barth findet, man solle mit Bewegungsübungen anfangen, jetzt stehe Boltze gerade zur Verfügung. Boltze würde nicht immer da sein. Er hatte Verpflichtungen in Bochum und half außerdem bei einer Marat-Inszenierung in Luzern mit. Boltze warnt davor, zu lang ohne Requisiten zu proben. Bei diesem Stück müsse man sie so bald wie möglich haben.

Noch fängt er mit der Probe nicht an, dies ist eine stillere Zeit, eine pausenreiche Zeit im Probesaal II. Lorenz trinkt Bier. Boltze klagt über Absolventinnen von Ballettschulen und die pomadigen typischen Bewegungen, von denen sie nicht mehr loskommen. Er macht sie vor, sein wendiger Körper verwandelt sich. Inzwischen geschieht nichts. Meistens ist es ruhig, niemand spricht, man lächelt vor sich hin und sieht nachdenklich aus. Unerwartet springt dann Boltze auf, dabei hört man kein Geräusch, er trägt eine Art Turn-Ballettschuhe. Plötzlich hat er zwei Schraubenzieher in der Hand, überreicht sie Bock, nennt sie Messer und Gabel, ein altes Schwammstück gibt er als Brot aus. Sich einübend hüpft und federt Lorette auf der Stelle, schon glüht ihr kleines beteiligtes Gesicht. Boltze läßt, mit Bock, die erste Szene beginnen, den ERSTEN TAG. Die Regieanweisung heißt: »Ein Garten. Rechts hinten das Haus. Drei Fenster in der ersten Etage. Links und rechts Gartentische. Ein Baum. Es ist Sommer.« Vom Modell her kenne ich ungefähr die Mobile – das heißt Papierschnitzelwälder, die statt des Baumes, wie es heißt: spielen werden. Man wird sich auf zwei Gartentische beschränken. Am einen werden meistens die Kater, am andern die Kinder sitzen. Nach Madernas Musik und dem elegisch-gefühlvollen Monolog der Stimme der Frau wird Bock als Simon auftreten; »Simon tritt auf. Steht reglos. Stille.« Daraus hat Bock von sich aus mittlerweile ein lückenloses Szenchen gemacht. Er zeigt es jetzt. Das Tumbe, Introvertierte des Simon vergegenwärtigt er sofort, durch seine präzise Einstudierung wird sie plausibel und auch menschlich. Ich bin erstaunt, ich finde es gut, zum zweitenmal – nach dem Bühnenbildmodell – finde ich an diesem Unternehmen etwas gut. Boltze unterbricht. Bock soll die Poesie des Frauenmonologs im Spiel fortsetzen? Wie? Das frage nur ich mich. Bock versteht es. Er tritt wieder auf, diesmal verträumter, und Boltze freut sich. Noch aber weiß ich nicht, daß Zufriedenheiten hier meistens nicht von Bestand sind. Schon greift auch ein Vorschlag von Barth dazwischen. Der beim Auftritt in irgendwas Vertiefte soll sich noch mit etwas anderem beschäftigen, wenn er vom Haus herunter in den Garten kommt, mit etwas, das ihm wichtiger ist als das Tischdecken, seine Aufgabe. Vielleicht einen Stein vor sich herschnicken. Es überrascht mich, wie prompt Bock die Intentionen seiner Ratgeber begreift und in Aktionen umsetzt. Er nimmt sozusagen zuhörend auf, arbeitet und führt aus, während man ihm Vorschläge macht. Dabei bleibt er vollkommen ruhig und merkwürdig abgeschieden. Seine Sachlichkeit ist zeitsparend. Inzwischen ist es schon wieder aufgetreten, diesmal schnickt er den imaginären Stein vor sich her. Lorenz fragt sich und die andern, wie es wäre, wenn Simon einen Fußball vor sich her kickte? Das paßt nicht. Simon ist kein Fußballtyp, er ist einer, der mit Tieren spricht. Bock selber wandte das ein. Mit seiner gedämpften Stimme, dem vorsichtigen Blick, der Nachdenklichkeit wirkt er noch immer eher wie ein Student.

Lorette, die noch nicht an der Reihe ist, hat sich in den Hintergrund der Probebühne zurückgezogen, hinter einen den Raum teilenden Vorhang. Ich finde das diskret von ihr. Auch sie setzt sich keinen Augenblick in Szene. Man hört da hinten nichts von ihr. Ich nehme an, sie lernt ihre Rolle.

»Wie wär's zum Beispiel, wenn ich Kirschen essen würde?« fragt Bock. Man redet darüber. Es geht die ganze Zeit um die Überlegung, wie auszudrücken wäre, daß in eine Welt geführt werden soll, die für den Jungen bekannt und für den Zuschauer neu ist. Wer zuerst auftritt, muß dies Air des Gewohnten verbreiten, er muß neugierig machen. Der Zuschauer muß damit rechnen können, daß man ihn bald überraschen wird. Die Kirschen werden abgelehnt, denn was würde aus den Kernen? »Warum steht der Simon nicht von vornherein auf der Bühne?« fragt Bock. »Warum bringen wir nicht den Mut auf, den Jungen gar nichts machen zu lassen, überhaupt nichts«, sagt Boltze. Immer noch wünscht er sich diesen Auftritt poetischer, märchenhafter. »Gesicht, Blick und Stummheit sind der Vorspann«, meint er. »Das

Stück fängt erst an, wenn Simon einfällt, daß er den Tisch decken muß.« Während die andern diskutieren, probt Bock für sich allein. Immer wieder wird der erste Auftritt wiederholt, ein paar Sekunden. Neue Anregungen unterbrechen dauernd. Neue Anfänge, unaufhörlich. Ich müßte zählen, wie viele, aber ich habe nicht bei Nummer eins angefangen. Bock bleibt unerschütterlich konzentriert und abgekehrt. Stets begreift er augenblicklich. Die Wiederholungen nutzen ihn nicht ab. Steht endlich einmal etwas fest, das heißt scheint es so, dann fällt irgend jemandem etwas Neues ein. Keinem geht es um die Zeit, niemand ist eilig, denn niemand hat ein anderes Ziel als das beste Resultat. Wenn schon sonst nichts, dann muß diese Ernsthaftigkeit imponieren.

Zum Kieselstein – Barths Idee – ist man zurückgekehrt. Soll er später real sein, das heißt: vorhanden? Wird die Fliege Manon, die später vorkommt, vorhanden sein? Nein, die Fliege gewiß nicht. Bock schubst auch den unsichtbaren Stein überzeugend weg. Der sichtbare, wirkliche fiele doch jedesmal woanders hin, das müßte jedesmal Bocks Schritte in eine andere Richtung lenken, denn dem Stein soll er folgen, er hebt ihn später auf. Kein wirklicher Stein also. Jede Bewegung auf der Bühne, jede Stellung muß genau festgelegt sein. Es gibt keine Zufälle.

Lorenz zieht den Mantel an und geht weg. Er müsse sich um seinen Hund kümmern. Der schläft im Auto. 12 Uhr 30. Die Mikroszene des Anfangs wird vorläufig abgeschlossen. Man zerdehnte jede Winzigkeit, um sie zu studieren. Jetzt erst kommt Text dazu. Wie bei den Bewegungsproben ergeben auch hier wieder Vorschläge, Zweifel, Erwägungen jene produktive Diskussion zwischen den Beteiligten, aus der Ergebnisse werden. Ungeduld kommt nicht auf, wenn jemand von neuem an einer bereits für gesichert gehaltenen Einzelheit zu kritisieren anfängt. Keinen irritiert ein unerwarteter Einwand, auch nicht Bock, dessen gutes Gedächtnis sich ebenfalls ökonomisch auswirkt. Durch ihn wird Simon zum Lebewesen, schon jetzt, etwas schußlig, etwas verspon-

34

nen, zugleich melancholisch und störrisch. Auf einer halben Textbuchseite. Tischdecken auf jede hier mögliche Weise. Kein Sichabfinden. Nie wird ein Zuschauer das ermessen. Geringfügigkeiten, die hier Riesenausmaß haben, wird er überhaupt später nicht wahrnehmen. Zwanzigmal »Guten-Tag«-Sagen: als Reaktion Simons aufs Vogelgezwitscher aus den Mobilebüschen. Bald klingt Bocks Stimme den Begut-achtern Boltze und Barth zu streng, bald zu nah, bald zu meditativ. »Probieren Sie es mal von oben nach unten.« Bock probiert es. »Jetzt von unten nach oben.« Auch das geschieht. Was ist die beste Lösung? Es ist wichtig zu vermeiden, daß Bock sich gewaltsam kindlich gibt, sie sagen: auf Kind spielt. Boltze, der, wie er feststellt, schon anfängt zu »ziselieren«, weist immer wieder darauf hin, daß Bock nur wenig »machen« müsse. Machen: das heißt: übertreiben, Theater spielen. Ich finde das vernünftig und sehe gern zu bei Boltzes Wachsamkeit gegenüber nicht ganz glaubwürdigen Bewegungen: keine entgeht ihm. Unermüdlich will er diesen Anfang sehen und sehen, Simons erste paar Minuten auf der Bühne, die jetzt schon Sekunde für Sekunde, Stück für Stück auswendiggelernt sind wie ein Gedicht.

»Haben wir eigentlich keinen Regieassistenten«, fragt Bolt-ze. Doch, heißt es, den Weissert. Er ist aber nicht da. Andreas Weissert ist jung, jemand sagt, er komme von der Reinhardt-schule. Boltze findet es bedauerlich, daß, was heute entsteht, nicht notiert wird; es geht vielleicht also verloren.

Der Text fällt gar nicht mehr auf, wenn Bock ihn spricht, weder angenehm, noch unangenehm, Bock spricht unter-treibend, obenhin. Jetzt gerade übt er Hinfallen, mehrmals. Es sieht aus, als tue es weh, aber das stimmt nicht, ich habe gefragt. Wieder ein Aufenthalt, eine neue Besprechung: wird den Katern richtiges Essen serviert zu ihrem Frühstück? Und wenn ja, was? Man denkt an Obst. Fressen Katzen Obst? Macht das was, falls sie kein Obst essen? Soll nicht vielleicht gerade etwas gegessen werden, das von normalen Katzen abgelehnt wird? Erhöht sich dadurch die Absurdität ihrer Mahlzeit an einem Pensionstisch? Erhöht sie sich zu sehr?

Mit dem Auftritt der Lorette kommt eine andere Tonnuance in die Arbeit. Kritik hört sie sich weniger ruhig an als Bock. Ihre Fragen haben etwas Unruhiges, Aufgebrachtes. Wahrscheinlich aber stammt ihre Reizbarkeit von Anteilnahme ab, vom fast gierigen Bestreben, alles richtig zu machen.

Am Ende dieser Arbeitsstunden, die aus Bewegungsbesprechungen eine richtige und produktive Probe entstehen ließen, verabschiede ich mich für anderthalb Tage: für den 26. April, für morgen, bin ich von der Intendanz dispensiert.

(1966)

Die Siebenundvierziger in Princeton
Im Fluge notiert

Das Bordprogramm Nr. 5, Beat for Teens, dröhnt mittels Plastikkopfhörer in meine Ohren (»Don't worry about your headsets, they are used only once, by you . . .«), in 10 000 m Höhe vielleicht über Denver, bestimmt über mittelamerikanischer Bevölkerung; die Tagung der Gruppe 47 in Princeton, New Jersey, ist zu Ende, und ich fliege, noch immer Gast der Ford Foundation, nach Los Angeles. Abgesehen vom Schauplatz – dessen europäisches Aussehen aber davon ablenkte – gab es keine Sensationen, die Tagung war früheren ähnlich, so ist es immer, immer könnte man dies oder jenes Prosastück oder Gedicht schon einmal gehört haben, gar nicht zu reden von den Argumenten der Kritik: war's in Berlin, in Saulgau, Aschaffenburg oder Sigtuna? Das hört sich wie ein Nachteil an. Der Eindruck der Austauschbarkeit geht sicher aber auf die besondere Stimmung zurück, die bei kleinen Hinrichtungen, großen Überschätzungen und dauernder Erwartung von beidem entsteht. Man ist abgelenkt, bald durch Neugier, bald durch Langeweile – aber ich spreche jetzt nicht von der erstaunlichen Aufmerksamkeit der Kritiker, ich spreche von Autoren wie mir, die sind beim Zuhören nicht so sachlich wie beim Lesen und weniger konzentriert.

Leider haben wir den amerikanischen Gastgebern, dem Department of Germanic Literatures and Languages und seinem liebenswürdigen, angelsächsisch-unkonventionellen »head«, dem mit Recht von der Deutschen Akademie für Sprache und Dichtung demnächst für seine Verdienste um die deutsche Literatur im Ausland preisgekrönten Victor Lange, leider haben wir ihm nicht vorführen können, wie das zugeht, wenn bei der Gruppe 47 große Entdeckungen gemacht werden. Vielleicht aber war das besser so. Vielleicht hätte man die große Entdeckung nicht gebilligt. Victor Lange fand alles, was er bei den Lesungen gehört hatte, absolut unamerikanisch, experimenteller, artifizieller, manieristischer, komplizierter als Texte amerikanischer Schriftsteller, völlig »uncommercial«, ohne amerikanische Abdruckschancen. Die spontanen, frei gesprochenen, bisweilen brillant formulierten Sprechtiraden der Kritik wurden von den Amerikanern bewundert – vor allem der immer plausible und niemals grobe Joachim Kaiser –, aber nicht uneingeschränkt. Ein Professor aus Massachusetts redete vom »display« der Kritik: damit meinte er, die zu ausführlich analysierenden und von keiner Unsicherheit betroffenen Momentanreaktionen und Stegreifrezensionen einiger Kritikerstars bringe die übrige Gruppe zum Schweigen. Niemand wage, gegen dies beinah offizielle Beurteilen anzugehen, gegen den Anspruch der Authentizität, die so rasch und nach einem einzigen Anhören noch gar nicht zu erreichen sei. Man darf nicht mehr wie früher stottern bei der Gruppe, sagt Hans Schwab-Felisch, und darum melde er sich nicht mehr. Ein amerikanischer Kritiker, den die Tagung als Schauspiel amüsierte, fand, sie sei allem entgegengesetzt, was amerikanisch ist.

Gut zu wissen, daß wir unsere Gastgeber wenigstens unterhalten haben, bei nicht frenetischem, aber sehr freundlichem Applaus. Ja, sie waren freundlich, immer freundlicher als wir, es schien mir so und hat vielleicht mit dem amerikanischen »keep smiling« zu tun, einer Angelegenheit, für die, wenn sie richtig gelernt wurde und als Lässigkeit auftritt, viel spricht.

Auch das allgemeine Genörgel am Ende der Lesungen, so als seien sie ausgerechnet diesmal ganz besonders unergiebig und mittelmäßig gewesen, auch der Superlativ »schlechteste Tagung« gehören zum Üblichen. Unzufriedenheit gehört dazu, auch diesmal, und es muß, spätestens am dritten Tag, am besten vor dem Abendessen passieren, daß jemand wie Heinz von Cramer aufsteht – nein: sich erhebt nach irgendeiner Lesung irgendeines bereits zerrupften Debutanten (denn sein Maß ist nun voll, miserable Prosa hat sein Faß zum Überlaufen gebracht), und daß er, pathetisch mit bebender Stimme, sich für die gesamte deutsche Literatur schämt angesichts eines solchen Verfalls – er kann es wirklich nicht milder formulieren und sieht wie ein Starfighter-Copilot auf dem Klubabend aus.

Die Gewißheit, bis zum nächsten Treffen werde sich nichts und niemand erheblich ändern, mildert Abschiedswehmütigkeiten – falls welche vorkommen. Auch diejenigen, die diesmal ganz laut und endgültig beschlossen haben, nie mehr teilzunehmen (wofür es viele Gründe gibt, am häufigsten den Verriß), man wird sie wiedersehen, wenn Hans Werner Richter will. Zeit, von ihm zu reden. Seine Entscheidung, die Einladung in die USA anzunehmen, ist ihm so lange nicht leicht gefallen, bis er es doch hauptsächlich großartig fand, ungefähr 80 Autoren Anfänge von Weltreisen zu verschaffen.

»Ticket To Ride« paßt ausgezeichnet zum Flug über ein Gebirge, das ich, seit ich Schneegipfel sehe, für die Rocky Mountains halte. Vor sieben Tagen, am 21. 3., hat die Frage »Lesen Sie?« sofort den Rhein-Main-Flughafen verkleinert, nur noch Duft der Gruppe 47 im Warteraum A, sobald ein paar Mitglieder beisammenstanden. Im Flugzeug nach New York – zufällig, nicht verabredet, hatten sich einige Princeton-Reisende getroffen – benahmen sich außer sehr nervösen kahlen Besatzungskindern mit Schnullern und aufsässigen Mägen die deutschen Schriftsteller am wenigsten blasiert, womit ich meine, daß sie die unruhigsten Passagiere waren. Die zu spät gebucht hatten und in der 1. Klasse fahren mußten – was die Reisepauschale von 400 Dollar überforderte –, machten unentwegt Besuche in der Economy Class, wo das englische Double Diamond Bier ausgegangen war, das Menu weniger gut, der Platz zu eng und der Gang besetzt von WC-Anwärtern. Economy-Class-Autoren wurden von First-Class-Autoren mit Trauben, Chicken-Schenkeln,

Whisky versorgt, das dauernde Angebot jenseits der Plastik-barriere führte zu leichten Betrunkenheiten. Dennoch haben wir uns auf dem International Airport und in sämtlichen Bus-Terminals zurechtgefunden, wir haben Ein-Dollar-Noten nicht mit Hundert-Dollar-Noten verwechselt und wenn auch mit großer Verspätung, viel zu zahlreich im VW-Bus eines freundlich über uns erstaunten Princeton-Germanisten, von Palmer Square aus Holiday Inn erreicht – ein Motel, dem 599 weitere Motels mit demselben Namen genau gleichen – unsere reservierten Apartments dort, begrüßt von riesigen Leuchtbuchstaben auf dem Motel-Schild: Welcome Gruppe 47. Eine dieser amerikanischen Freundlichkeiten, über die auf deutsch hauptsächlich gespöttelt wurde.

In einer Landschaft, die ein Importartikel aus Südholland sein könnte, liegt mit niedrigen Häusern im Cottage-Stil die adrette kleine Kopie Princeton, Nachbildung einer engli-schen Kleinstadt, aber noch sauberer, und an deren Rand eine zweite kleine Stadt, der Campus der Princeton University, korrekt wiederholte englische Neugotik, darin, als Fremd-körper, ein paar neoklassizistische Tempel und romanische Torbögen. Eine anfangs unheimliche, bald rührende, Euro-pa simulierende Baukastenwelt. Außen will nichts amerika-nisch sein, innen aber. Die Wohnhäuser der Studenten täuschen ihren Adventskalenderfrieden nur vor, Oxford, Cambridge, Perpendicular Style werden nur als Attrappe gebraucht, hinter den Fassaden lebt es sich modern, hygie-nisch, bequem, amerikanisch. In lauter kleinen Westminster Abbeys haben wir gegessen, diese auch innen mit sakralem Air, und auch die Mahlzeiten, der Umgebung angepaßt und serviert von Undergraduates in weißer Livree, Meßknaben ähnlich, hatten einen christlichen Beigeschmack; das Ab-schlußfest der Tagung bekam durch seinen Schauplatz (öde Halle), die Art der Beleuchtung (nüchtern und von oben), und Faßbier, das bloß als Schaum in den Gläsern (Bechern) aufstieg, die Stimmung eines CVJM-Heimabends oder Pfad-findertreffens Ehemaliger in der Jugendherberge.

Unfeierlicher Tagungsanfang wie immer, wie immer kaum verspätet, kaum nach 10 Uhr am Morgen des 22. 4. Draußen in der Gotik-Kopie, in der durch Unwirklichkeit entstandenen Idylle, regnete es ein bißchen, sah auch der Himmel wie eine Nachahmung aus, konnte man sich trotzdem nicht in Holland glauben wegen silbergrauer Eichhörnchen und silbergrauer Stämme der Magnolien. Im ersten Stock der Whig Hall (1893, Headquarters of the Whig-Cliosophic Society, nation's oldest undergraduate literary and debating organization), unterm gußeisernen Memorial des James Madison, vierter Universitätspräsident, im feierlichen Biedermeiersessel saß Walter Jens und las als erster, aus einem noch nicht ganz fertigen Stück über Rosa Luxemburg. Die amerikanische Fahne hing schlaff, das Wasser für die Lesenden befand sich in einer Kühlflasche: also nicht Saulgau, Göhrde, Berlin. Mit vier Ölgemälden, mächtig und vergoldet holzgerahmt, wurde die Erinnerung an vier frühere Rektoren bewahrt, die hier Präsidenten heißen und es bleiben, einmal gewählt und von da an nicht mehr im Lehramt.

Jens las seine vier Sprachebenen, draußen läuteten die Glokken, beide Richters schlossen die beiden winzigen Schiebefenster rechts und links des Podiums, es war rauchig, es war heiß, es meldete sich niemand zur Kritik, endlich aber Grass, der von Jens nicht gerade ein blutvolles Drama erwartet hatte, immerhin aber etwas dialektische Spannung, und der sich einem bloßen Bericht gegenübersah ohne den Ansatz von Dramatik. So begann es im scharfen 47er Tonfall, stilecht. Jahrelange Zugehörigkeit beschützt keinen. Es ist angenehm, daß man hier von Ehrfurcht nichts hält. Oder daß Anfänger sich nicht davor fürchten, nie in den »Akzenten« zu stehen, wenn sie ein Prosastück von Walter Höllerer als »völlig indiskutabel, geistlos, undruckbar« abfertigen: dies Aufsehen erregte der vermutlich jüngste Teilnehmer, zum erstenmal da, in kleidsamer Pop-Star-Frisur, Peter Handke aus Graz, der selber mit dem Abschnitt aus einem Kriminalroman, einem Text ohne Nebensätze, fast Erfolg hatte.

Dieser Artmann-Adept, in bewährter, aber nicht nachahmenswerter Vereinfachung stets »Beatle« genannt, äußerte sich zu einem späteren Zeitpunkt grundsätzlich, eine »unschöpferische Phase« schien ihm in der Literatur ausgebrochen. Er verdammte Beschreibungsmanie und »öde neue Sachlichkeit«, fand alles »formal fürchterlich konventionell« und die Anstrengung deutscher Autoren, deutsche Vergangenheit zumindest in Nebensätzen aufzuarbeiten, komisch. »Diese Prosa ist läppisch und idiotisch« (Klatschen, Richters Abwehren, Lachen, Erstaunen). »Und die Kritik ist genauso blöd, ihr Instrumentarium ist blöd.« Der Angriff machte allen Spaß, ich glaube, besonders den Amerikanern.

Frau Richter und Frau Höllerer stellten, dauernd fotografierend, ihre dauernd wechselnden Kleider zur Schau, auch die übrigen weiblichen Teilnehmer, bis auf insgesamt drei Autorinnen Gäste und Ehefrauen, hatten halbe Kleiderschränke mitgenommen. Kühne Op-Art-Schöpfungen zeigte Frau Feltrinelli. Keine Assoziationen an Bonn – denn sie sah zu charmant aus – weckte Frau Hamm-Brücher, die ihre erste Tagung als belustigter Zuschauer offenbar genoß. Von Freitag morgen bis Sonntag abend wurde gelesen, von 10 a. m. bis 10 p. m., um es angelsächsisch zu sagen, es gab Kaffeepausen zwischen den kirchlichen Mahlzeiten und vor dem Dinner den allerersten Alkohol des Tages; auf dieser amerikanischen Tagung wurde extrem wenig getrunken, nur Heinrich Maria Ledig-Rowohlt gelang es, Whisky in den Campus einzuschmuggeln, und an der auffällig starken Beteiligung an allen Lesungen und, montags, den 25., am Princeton-Treffen – einer langweiligen Veranstaltung übers Thema »Der Schriftsteller und die Wohlfahrtsgesellschaft – war wohl auch die allzu gediegene Princetoner Umgebung und die Anderthalb-Stunden-Entfernung von New York schuld.

»Time's On My Side«, singen die Stones, und die jetzt unter mir sind ganz bestimmt die Grand Canyons, wichtig genug, um vom Captain angesagt zu werden. Die Stewardessen haben jetzt Blumen hinterm Ohr und schenken Sekt aus.

Für Gedichte gelobt wurde nur Grass, längst nicht mehr seekrank, aber noch böse auf Ozean und Michelangelo – zu seinem Erfolg trug wieder bei, was er beim Lesen bietet: keineswegs bloß den Text. Sicher und eindrucksvoll sitzt er da, selbstbewußt auf die überzeugende Art, er spricht genau richtig, weiß, wie lang er seine Zuschauer beanspruchen kann. Dies Beiwerk ist von Bedeutung.

Die meisten vorne im Lesesessel, Richters »elektrischem Stuhl«, haben mehr Ausdauer als ihr Publikum. Geduldig lesen sie immer und immer nochmal eine Seite, lesen über alles Zuhören hinaus, lesen an gegen Unruhe, wenn auch erschrocken, aber hartnäckig, mit störrischen trockenen Lippen, manchmal vibrierender Stimme. Verstummen läßt sie nur die berüchtigte Geste: nach unten deutende Daumen. Das kam diesmal nur bei einem Romananfang vor.

Zur Information zähle ich die Namen derer auf, die sich mit Erfolg vorgewagt haben, aber ich werde nicht sagen, wer, wie es heißt, durchgefallen ist. Sie sind zahlreicher als die Gelobten. (Man zeigt jetzt im Clipper den Farbfilm »A Man Could Get Killed« mit James Garner und Melina Mercouri). Viele können nicht erwarten, daß Richter sie nochmals einlädt, manche standen nach ihren Fiasken allein herum, oder zu zweit, zwei Hingerichtete, um die sich mit der Zeit doch kleine Gruppen bilden, bisweilen bereichert durch verständnisvolle Arrivierte; innerhalb dieser Notgemeinschaften weiß man genau Bescheid über die eklatante Ungerechtigkeit und den puren Wahnsinn einer Einrichtung wie der Gruppe 47, und man sagt es sich, bitter und häufig, das hilft ein wenig, es hilft kaum, denn es ist schade, daß man nicht, gestärkt vom Beifall, wiederkommen kann, weil es nämlich Spaß macht; der Verkannte sitzt neben dem Übersetzten, der Unbekannte kann jederzeit eine ganze Reihe von Überschätzten aufzählen, das hilft wenig, aber besser ist nicht zu helfen.

Eindruck gemacht hat Ernst Augustin, ein sympathischer Arzt und ein guter Autor, mit seiner grotesken Entpathetisierungsgeschichte der Medizin. Er war zum erstenmal bei der Gruppe, er hat alle interessiert, viele begeistert. Aber auch bei ihm ergaben sich die charakteristischen Meinungsverschiedenheiten der Kritik: – das ist eine Kindergeschichte – ich kann nicht verstehen, wie X darauf kommt, dies sei eine Kindergeschichte – mich erinnert's an comic strips – das ist ein empörender Vergleich, es handelt sich um anspruchsvolle Prosa. So geht es dauernd: einer ist froh über die Parataxe, der nächste fühlt starke Bedenken, der dritte meint, die sei ein Ausweg, ist sich aber nicht ganz im klaren, ob auch bei diesem Text.

»Wir haben schlechte Verse gehört, aber keine überflüssigeren.« Gegenkritik: »Hier wird ein unpathetischer, frischer, lustiger Ton in die Lyrik gebracht.« Und endlos so weiter. Widersprüche, tröstlich für Autoren. Unter denen, die sich über ihr persönliches Tagungsergebnis nicht beklagen können, waren Peter Bichsel, Preisträger des vorigen Jahres, der mit seinem Roman ein Stück weiterkam, Jörg Steiner, Reinhard Lettau, Günter Herburger, Rolf Haufs, Helga Maria Nowack. Die übrigen 18 hatten mehr oder weniger zu leiden. Ein etwa sechzigjähriger Deutscher aus Houston zelebrierte altmodische Nürnberger Gedichte, einige auf mittelhochdeutsch. Hans Christoph Buch las eine kaum verschlüsselte Gruppe-47-Satire im Flaubert-Stil und wurde überhaupt nicht kritisiert; obwohl alle sich amüsiert hatten, hieß es nach der Lesung: ein Abiturientenulk, mehr nicht. Ziemlich ungerecht, fand ich.

Der Abschluß verlief so unsentimental wie der Anfang, ein paar Worte Hans Werner Richters mit dem Hinweis aufs Fest und dem Dank an Victor Lange, Applaus, sonst als undemokratisch bei der Gruppe verpönt, war jetzt angebracht und erlaubt. Die alkoholarmen Lesungstage und der Freischaum im Jugendherbergsambiente (Biergeschenk des Germanic Department) machte die Teilnehmer besonders begierig auf das wahre Ende der Tagung: am 26. April, schon ausquartiert nach New York, traf man sich im Hotel St. Moritz am Central Park als Gäste des Rowohlt-Verlags, und es gab endlich richtig und reichlich zu trinken. Zum letztenmal Über- und Unterschätzte beieinander, und die, die nie miteinander sprechen, und die, denen wenig aneinander liegt, und die Freunde, die engen, die unverbindlichen, und die, denen es immer wieder Spaß macht und die zwar auch nörgeln, aber wiederkommen wollen. Alle noch einmal zusammen im 25. Stockwerk, zwischen Harlem und Rockefeller Center. Jetzt hieß die Frage nicht mehr, »große weite Welt« zur Gruppe 47 verengend: »Lesen Sie?« Sondern: »Was machen Sie noch, fahren Sie noch irgendwohin, sehen Sie sich noch was an?« O ja, ich bin dabei; mauvefarbene Wüste, Mojave Desert. Es würde sich fast zu gut machen, stimmt aber: ich bin hiermit und mit dem Flug gleichzeitig fertig, der Captain unterbricht Marianne Faithful: wir werden fünf Minuten früher ankommen. 17.40 Uhr, wir sind tiefer, es ist diesig, die hawaiianisch angezogenen Stewardessen nehmen uns die »headsets« ab, und ich höre nur noch leise jetzt I'll Cry Instead, ich finde nicht, daß die Berge rechts von uns viel niedriger sind als wir, aber bei der United Airlines gab es noch nie Unfälle auf dieser Linie. Man erkennt schon Autos. Wegen dieser Reiserei allein hätte es sich gelohnt, der Tagung zuzustimmen, wie sie auch war. Aber ich ginge auch nach Höchst oder Viernheim, zur Gruppe 47.   (1966)

Die Ludeyville-Wildnis
Moses Herzog aus Saul Bellow ›Herzog‹

(Ende des Originals, mit Unterbrechungen, bis zum Schluß-Satz):
» . . . er überlegte sich dabei, welchen Beweis für seine geistige Gesundheit er außer seiner Weigerung, ins Sanatorium zu gehen, noch vorzeigen könne. Vielleicht sollte er aufhören, Briefe zu schreiben. Ja, das war tatsächlich das nächste. Die Erkenntnis, daß er mit diesen Briefen abgeschlossen hatte . . . Er schritt über herumliegende Notizen und Papierblätter und legte sich auf seine Couch . . . lauschte auf das stete Kratzen von Mrs. Tuttles Besen. Er wollte ihr sagen, sie solle den Boden mit Wasser besprengen . . . In ein paar Minuten würde er ihr zurufen: ›Machen Sie's ein bißchen feucht, Mrs. Tuttle. Es steht noch Wasser im Becken.‹ Aber nicht gerade jetzt. In dieser Minute hatte er für niemanden eine Mitteilung. Nichts. Nicht ein einziges Wort.«

Aber mit diesem Besucheransturm hatte er nicht gerechnet. Ramona, für die er Kerzen, Päonien, Wein, ein Abendessen gerichtet hatte, Ramona, der zuliebe – damit sie einen guten Eindruck von seiner allseits bezweifelten Daseinszufriedenheit inmitten der allseits als verloren, verschroben, untauglich deklarierten Ludeyville-Wildnis gewönne (also sich selbst zuliebe) – Ramona, für die er unter anderm mit einem gemähten Rasenstück einen kleinen Bereich der Ordnung hergestellt hatte, sie befand sich nicht unter den Gästen. Es war ihm, bei nur leichtem Erstaunen, so ziemlich sofort so ziemlich egal. Den Satz KEINE MENGE SUBLIMIERUNG KONNTE DAS EROTISCHE ENTZÜCKEN, DAS WISSEN DAVON, ERSETZEN schien er überhaupt nie gedacht zu haben. Vom Bedürfnis nach EROTISCHEM ENTZÜCKEN hatte seine gewissenhafte Inszenierung sich offenbar (unbewußt) gar nicht abgeleitet. Er konnte die Gäste nicht überblicken, nicht abzählen. Er mit Ramona: das wäre, so wußte er plötzlich genau, trotz der eindeutigen Personenzahl 2, ein unübersichtlicherer Abend geworden; jetzt jedoch, unter diesen vielen Erscheinungen, gelang es ihm, wieder zu empfinden: ALLEIN, ALLEIN. ENDLICH WIE EIN STEIN. MIT MEINEN 10 FINGERN ALLEIN! Ganz schön paradox. Er erkannte doch deutlich, daß er sich soeben mit Theodor W. Adorno über die Verzweiflung einigte, er hörte sich doch sagen: JA, und: Sie ist die EINZIGE ONTOLOGIE, DIE SICH DURCH DIE GESCHICHTE HINDURCH HÄLT. Wiederum paradox: er hörte, aber im eigentlich akustischen Sinn hörte er gar nichts. Er faßte Mut in dieser hellhörigen Gehörlosigkeit. Nun, er hatte keine Lust mehr, mit Sigmund Freud, der seine Arrangements für den Abend mit Ramona wissenschaftlichen Blicks betrachtete, über Verdrängung/Sublimation zu streiten, obschon er immer noch kein ›Zivilisierter‹ sein wollte, wenn das die Zivilisierten waren, diese Unterleibsspezialisten, die in der Daseinsschmuddelei perfekt praktizierten, während er, so sicherte er es Adorno zu, das DENKEN zum TUN machen würde, während er anfangen würde, THEORIE als EINE GESTALT VON PRAXIS zu verstehen. Ja, warum nicht dieses wahrscheinlich nie besonders vielversprechende Sein eines Praktikers in den vielleicht doch noch einiges versprechenden Kopf verlegen? Ach, tröstlicher Jesaja; Herzog hatte ihn nicht erwartet, aber auf keinen Fall hätte an Jesajas Stelle Ramona es vermocht, ihm dieses ENTZÜCKEN abzutrotzen, Tränen nämlich, und er wiederholte laut, ohne einen Ton: ICH BOT MEINEN RÜCKEN DAR DENEN, DIE MICH SCHLUGEN, UND MEINE WANGEN DENEN, DIE MICH RAUFTEN. MEIN ANGESICHT VERBARG ICH NICHT VOR SCHMACH UND SPEICHEL. Es tat ihm gut, sich mit Jesaja zusammenzutun, alles auf sich zu beziehen, wobei er nun endlich den Lustgewinn durch Leid erreichte. Merkwürdig dabei war nur, daß er hierbei kaum noch an die konkreten Personen dachte, die ihn verraten, betrogen, beleidigt, die ihn mit SCHMACH UND SPEICHEL bedeckt hatten. Nur mit Anstrengung stellte er sich (zu noch besserem

Lustgewinn) seine Frau vor inmitten der abtrünnigen gierigen Bettlakenkriminalität, mitten im gefräßigen Sexualterror, rothaariger Schmutzfink und sein psychosomatisches keuchendes Pathos über ihr, seine pseudophilosophischen Ejakulationen über ihr, über ihr, die er kaum noch erkannte, weil sie nicht verstand zu leiden, o, so war es recht, und die ganze verlogene Sexualphilie, während Herzogs kleine Tochter – aber er kam einfach damit nicht weiter. War das nun doch am Ende die geheime (eine bürgerliche Idee) Übereinkunft mit dem Leben: blieb ihm, der dies vorher mißverstanden haben mußte, in Wahrheit doch das Schlimmste erspart, das er zwar in Hirn und Eingeweiden gespürt hatte: irrtümlich? Und war alles doch mehr, zumindest zu dieser Stunde, als nur ein KLEINER FLIRT mit dem Transzendenten? Es mußte sich um das todsichere Versteck handeln, in dem sie alle, die nicht litten, vor ihm sicher waren, und er vor ihnen. Um keinen Preis würde er einwilligen, nicht zu leiden. Bei einem nicht leidensfähigen Herzog hätte sich diese illustre Abendgesellschaft niemals eingefunden. Er stritt ein bißchen mit Nietzsche. Eine STARKE NATUR sein wollen? Nicht, sofern es darum ging, irgendwelche Meisterschaften im Vergessen zu erringen. Er sprach abschließend sein halbes, geschmeicheltes JA aus zu Nietzsches Begriff vom SCHMERZ, DER ADELT, wenn auch der ADEL ihm wieder seine Irritation gegenüber einer elitären Rolle zum Bewußtsein brachte. Den deutschen Existenzialisten, die in Haus und Garten herumschnüffelten, hielt er entgegen, daß er keineswegs nach einem Schutz vor der Verzweiflung suche, daß er vielmehr durch die Verzweiflung, Adornos zähe Ontologie, sich als der von diesen Burschen ausgekochte ›authentische Mensch‹ zu begreifen beginne. Jetzt erklärte ihm Kierkegaard die Sache mit der Angst, mit dem Sprung ins Schuldbewußtsein, mit dem Schuldbewußtsein als Basis der Freiheit ein bißchen genauer. Herzog war gefesselt, vergaß aber nicht, den appetitlosen Kierkegaard auf Gerichte und Getränke hinzuweisen. Die Nahrungsaufnahme blieb jedoch spirituell, und in schöner wortreicher Stummheit gingen sie miteinander Bissen für Bissen die PHILOSOPHISCHEN BISSEN durch, anregend von Hegel unterbrochen, dem sie Inkonsequenz vorwarfen. Begriff der Freiheit. O no, Mr. Hegel, man kann Freiheit nicht philosophisch begründen, denn jede Begründung setzt eine logische Notwendigkeit voraus, die der Gegensatz zur Freiheit ist. Allerdings gelang es ausgerechnet Hegel, die für Ramona besorgten Weinflaschen ohne Korkenzieher mit Hilfe eines Nagels zu öffnen. Indessen sprang Herzog hinter Kierkegaard her durch die Angst von der Unschuld zur Sünde und von der Schuld zum Glauben, obgleich mit leichter Skepsis, aber heute abend betrieb er beinah jede philosophische Gymnastik mit Vergnügen, egal, ob sie ihm zufriedenstellend gelang. Kritik oder Auszeichnung, er erwartete gar nichts. Spinoza, alter Briefadressat früherer verworrener Tage, nun trainierte er mit ihm. Herzog hielt sich nicht für frei, er war sich seiner DETERMINIERTHEIT bewußt. Okay auch zu GUT UND BÖSE, den CHARAKTERISTIKEN FÜR DIE BEZIEHUNGEN, DIE WIR ZWISCHEN DEN DINGEN HERSTELLEN. Aber ach: wie angenehm weit weg waren diese seine, Herzogs, DINGE. Schnell eine Danksagung ausgerechnet an die Charakteristik BÖSE. Immer schemenhafter, und nicht einmal chimärisch, wurde ihm der gegen ihn gerichtete ehebrecherische Sport, von dem er, was für ein Irrglaube, sein nun geschätztes, sublimierendes Elend hergeleitet hatte. Dank der fleischlich gesinnten, diskriminierenden, ausgeweideten und ausgeödeten Außenwelt! Dank ihr, die ihn in die Unsicherheit und in die Isolation ausquartiert hatte, dorthin, wo das Denken anfängt. Mit Schopenhauer in lautlosem Unisono erging er sich, bei gemeinsamer Freude an Ludeyvilles einsiedlerischer, schwerverständlicher, fragwürdiger Wildnisschönheit, in der VERNEINUNG DES WILLENS ZUM LEBEN, der EINZIGEN RETTUNG aus dem gleichwohl bejahten LEIDEN. Er vollzog diese Verneinung, also erkannte er das Leben als ENDLOSES LEIDEN, und mit Schopenhauer, der am Fußende seiner Couch saß, glückte ihm, wieder schön paradox, diese Erkenntnis in der LIEBE ZU ALLEM LEBENDIGEN – Liebe, nichts anderes als Mitleid, Mitleid, FUNDAMENT DER WAHREN MORAL. Herzog fühlte sich überwach und doch nicht dazu imstande – rein physisches Versagen – seine Gäste mit den Einkäufen für den erotisch konzipierten Ramona-Abend zu bewirten. Weil er bei allem fast choralmäßigen Vernehmen und seinem eigenen Erwidern gar nichts hörte, hörte er auch Mrs. Tuttles Besen nicht mehr, weshalb es keinen Beweis gab, weder für ihre Anwesenheit noch dafür, daß sie gegangen war. Das nahm er allerdings an. Hier war er allein mit jener Prominenz, die sich im todsicheren Versteck nie herumgetrieben hatte. Er unterhielt sich jetzt mit einem Psychotherapeuten. Den kannte er doch. Den Hedonismus verwarfen sie gemeinsam. Dr. Soundso. NICHTS WERTVOLLES IST LEICHT. Auch nicht die Freude. O ja, ich, Herzog, kann Schmerz empfinden, daher auch Glück, ich bin nicht sterilisiert gegen beides. Tugend: sich der eigenen Existenz gegenüber verantwortlich fühlen. Hieß der Doktor nicht Erich mit Vornamen? Herzog wollte sich entschuldigen, aber Aristoteles schaltete sich ein und wies auf den Tätigkeitswert der Tugend hin. Auf die Ausübung der dem Menschen eigentümlichen Gaben und Funktionen. Das vom Menschen angestrebte Glück – wieso sprach Aristoteles ein so fließendes Englisch mit einer Spur von amerikanischem Akzent – ist das Ergebnis von Tätigkeit und Gewohnheit. Dieses Glück (Herzog, der etwas einwenden wollte, kam nicht zu Wort) ist WEDER DAUERNDER BESITZ NOCH GEISTESZUSTAND. Herzog erfuhr, er könne nur gut und demnach glücklich werden als freier, vernünftiger, tätiger und besonnener Mensch. Hier läge noch ziemlich viel widerspenstiges Gehirnmaterial vor ihm. Unterdessen verteidigte Sigmund Freud die UNITÄT VON TUGEND UND GESUNDHEIT, während Walter Benjamin sozusagen gleichzeitig seinen Begriff von Glück explizierte: ach ja, auch Herzog wollte OHNE SCHRECKEN SEINER SELBST INNE WERDEN können, und es drängte ihn, sich näher mit diesem Glücksexperten einzulassen, nämlich zu fragen, wie der

Mensch denn beschaffen sein solle, der – aber Freud kümmerte sich ausgerechnet jetzt darum, ihm, Herzog, sein ES, sein Irrationales, auszutreiben, um es durch sein ICH, die Vernunft – wer aber überprüfte zunächst mal dieses ICH, die Herzogsche Version von Vernunft – zu ersetzen: WAHRHEIT UND VERNUNFT, DIE EINZIGEN HEILMITTEL. Ein wenig schade, daß die Stimmen sich derart überlagerten, übrigens weiterhin bei allgemeiner Lautlosigkeit. Denn was der Dr. Soundso zum Laster zu sagen wußte, interessierte Herzog außerordentlich: SELBSTVERSTÜMMELUNG. Verantwortungslosigkeit sich selbst gegenüber. Nur für die Dauer einer Sekunde (ungefähr) und zum ersten Mal mit seraphischer Genugtuung erkannte und sah er die lasterhaften Amputationen dieser augenblicklich wieder ins todsichere Versteck ihrer Leidensunfähigkeit zurückschlüpfenden (unter sexuell angeheizte Daunen, klebrig von den inseminierten Suaden verantwortungsloser Genitalbereiche) Personen; Amputationen, die sie an sich selbst vornahmen und nicht, wie er vor diesem erhellenden Abend geglaubt hatte, an ihm, dem ZUM GLÜCK geschundenen, liebenden, rätselratenden, ZUM GLÜCK leidenden Herzog. Eindeutig, Monsieur Foucauld: diese Personen, denen er sein kognitives Leiden verdankte, waren nur MÖGLICH AUFGRUND EINER SELBSTTÄUSCHUNG. Eine kurze Frage zwischendurch an Spinoza: Bin ich womöglich bereits, was ich POTENTIELL BIN? Die Antwort, keine Antwort auf seine Frage, kam aber von seinem Namensvetter, der ziemlich beziehungslos und in einem Jiddisch, das Moses Herzog gut verstand, sagte: DER HERR SPRACH: ICH HABE VERGEBEN. Moses wollte Moses fragen, wem vergeben worden sei: ihm selber, den andern, oder überhaupt allen? Es fielen ihm wieder (flüchtig) die abstoßenden Personen ein, denen zu vergeben er noch immer als ungerecht empfand. Oder irrte er sich, doch wieder der alte gekränkte Herzog? Hatte er nicht selbst (fast hätte er gedacht: zu LEBZEITEN!) übers Widerstreben gegen die Zufügung von Schmerz nachgegrübelt und herausgefunden, dies sei in Wirklichkeit eine extreme, raffinierte

Form der Sinnlichkeit; ja, und darüber hinaus durch Verlei-
hung eines moralischen Pathos' das Wohlgefühl des Schmerzes erhöhen, wars das nicht? Daß gerade in diesem Moment
Goethe zischelte, privilegiert fühle sich jeder Mensch, paßte
ganz und gut und doch fühlte Herzog ein kleines Unbehagen.
Immer dieses: JEDER. Mit Paulus kam er ohne weiteres
zurecht, Paulus, der ihm die Mitteilungen an die Korinther
wiederholte: DER LETZTE FEIND, DER BESIEGT WIRD, IST DER TOD.
Und: WAS SCHWACH IST VOR DER WELT, DAS HAT GOTT ERWÄHLT,
DAMIT ER ZUSCHANDEN MACHE, WAS STARK IST.

Sie griffen kaum zu, sie tranken den Wein mäßig. Dieser Dr.
Erich ohne auffindbaren Nachnamen in Herzogs übereifri-
gem halluzinierenden Kopf erweckte eine gewisse Lust in
ihm, doch noch einmal die verflossenen, verstümmelten
Feinde seines Daseins als das eines (gewesenen) ANWESENDEN
aufzurütteln. Diesen beiden kosmischen Unterleibsakroba-
ten und Bettdeckenbiologen, seiner Frau und ihrem Sperma-
tozoen-Visionär, dem holzbeinigen hochtrabenden Propheten des zotigen bewußtseinserhellenden Ehebruchs, denen
hätte er doch gern, wenn auch aus weitester Entfernung,
zugerufen, daß nichts Mysteriöses im Spiel war, nie gewesen, nie sein würde, wenn sie es ergreifend, pathetisch,
heißhungrig betrieben, das Spiel AMPUTATION, LASTER. Daß sie
nichts verstanden vom Zusammenhang zwischen FÜRSORGE
UND VERANTWORTUNGSGEFÜHL, also nichts von PRODUKTIVER
LIEBE; daß die Verlassenheit und der nisus sexualis es dem
Menschen verdammt leicht machten, sich zu verlieben.
Winziger Seitensprunggedanke an Ramona – vorbei. Er war
nicht verliebt, er war nicht mehr grimmig verloren, er
bedurfte keiner Erlösungen mehr, die außerhalb dieser
abendlichen Zone ihre Scheinhoffnungen weckten. Calvin,
okay: verdammte Selbstliebe. Fast war Herzog so weit,
ANDERN und nicht SICH SELBST GLÜCK ZU WÜNSCHEN, trotz des
Reinredens von Kant, der ihm irgendwas von seinem Anspruch auf eigenes Glück beibringen wollte; lieber hörte er
auf Sokrates' altgriechisch gefärbtes, dennoch erstaunlich

flüssiges Englisch, lieber zog er mit ihm, der soeben die letzte von Hegel entkorkte Weinflasche an die Lippen setzte, den TOD einem Zustand vor, in dem durch einen KOMPROMISS MIT DER WAHRHEIT DAS GEWISSEN VERRATEN WIRD. Und jetzt kamen sie ihm alle mit dem schillernden Begriff Gewissen, mit seiner Vielzahl der empirischen Manifestationen, und Herzog kostete es, obwohl er den Wein überhaupt nicht angerührt hatte, plötzlich Anstrengung, die einzelnen Dozenten auseinanderzuhalten. Doch, vom Gewissen als INNERER STIMME, die ein Verhalten in bezug auf dessen ethischen Wert anklagt oder verteidigt, doch, hiervon sprachen ganz sicher Cicero und Seneca. Aber mit den Stoikern und ihrer SELBSTERHALTUNG und mit den Scholastikern und ihrem VERNUNFTGESETZ nahm Herzogs Erkennungsvermögen erheblich ab. Jemand stellte sich als Chrysippus vor, und noch während dieser Greis über eine HARMONIE DES MIT SICH SELBST BEWUSSTWERDENS wahrscheinlich Bedenkenswertes von sich gab, empfand Herzog genau diese oder eine ähnliche oder vielmehr eine in ihrer Unordnung doch schön und kunstvoll gemischte Harmonie im stark ermüdeten Kadaver: also, letzter Irrtum: mit dem Empfinden war es vorbei. Mit dem Ermüden ebenfalls. Letzte aufsässig frohe Gewißheit: sie alle, diese erlesene Gesellschaft, beim toten Herzog; aufsässig, denn er wollte, in einer letzten Miniaturfrist der alte mitteilungssüchtige Existenzsträfling, damit prahlen, es den verschiedenen Adressaten seiner ungeschriebenen Briefe erzählen, wie es geendet hatte, mit dieser erlauchten Abendparty, mit Moses Herzog. UNTER BESTIMMTEN BEDINGUNGEN KANN SCHLECHTES ZU GUTEN ERGEBNISSEN UND GUTES ZU SCHLECHTEN ERGEBNISSEN FÜHREN: aber Mao Tse-Tungs Schlußwort blieb ohne Resonanz bei diesem guten Ergebnis, dem Tod, bei dieser herzöglichen Mixtur aus Ergebnissen. Ende der Bedingungen, Ende der schwierigen Lebenslänglichkeit. Die Wildnis von Ludeyville wuchs mit herzogschen Eigenschaften über Herzog zusammen: einsam, Dorn um Dorn, anlehnungswütig, rebellisch und friedfertig.   (1970)

Jemand der schreibt

Warum schreiben Sie – ja, warum schreiben Sie denn überhaupt? Die Frage gehört mit der nach den literarischen Vorbildern zu den beliebtesten, daher häufigsten, und sie wird nach Autorenlesungen und auch per Post immer wieder gestellt. Es gibt verschiedene Möglichkeiten, die seriös und beflissen Neugierigen ausweichend zu informieren und also kaum zu informieren, sie zu befriedigen mit einigen Antwortsplittern und also beinah gar nicht zu befriedigen. Ja, will man denn, wenn man schon schreibt – große Sache – nicht mindestens, wenigstens die Welt verändern? Aber doch, meinetwegen, warum nicht, warum nicht auch das? Nun, dies ist keine Reaktion, die wir uns wünschen. Optimismus glaubt man Ihnen nicht. Weshalb sind Sie eigentlich entweder so zynisch oder so leichtfertig oder so unpräzise oder so nachlässig mit Ihren Auskünften über sich selbst? Sie schreiben immerhin, Sie sind eine öffentliche Person, Sie müssen sich gefallen lassen, daß die Öffentlichkeit mit Ihnen verhandelt. Und das wollen Sie ja auch. Schreiben, weil es sich so ergab? Das finden wir reichlich privat, da fehlt uns die gesellschaftliche Position, da vermissen wir das fundamentale Motiv. Schreiben, weil Sie das Schreiben für sich selber als die geeignete Artikulationsform herausgefunden haben, was sich angeblich wieder einfach so ergab? Und was wollen Sie denn artikulieren, warum wollen Sie denn . . . Jetzt werden Sie doch endlich etwas ernsthafter und aufschlußreicher. Ich sagte: Haben Sie nicht zugehört, haben Sie nicht gelesen? WARUM ich schreibe, beantwortet schließlich das, WAS ich schreibe. Sie sollten die Antwort in meinen Büchern finden. Ich selber sollte allerdings, sofern ich von mir das Beste erwarte, die Frage gar nicht erst aufkommen lassen . . . Und immer so weiter mit den ziemlich aufrichtigen Ausreden, den Ausweichtricks mit ziemlich viel Wahrheitsgehalt. Was aber will ich denn umgehen, indem ich nicht mit der erbetenen Genauigkeit, nicht mit Definitivem, Tiefgründendem zufriedenstelle? Meine eigene Verlegenheit? Habe ich womöglich selber nicht profund, kategorisch und couragiert darüber nachgedacht, WARUM ICH SCHREIBE? Findet das Nachdenken deshalb nicht statt, WEIL ich schreibe, findet es im Schreibprozeß statt; kann ich mich und meine Ausfrager mit Adorno erlösen und das Denken ein Tun nennen, Theorie eine Gestalt von Praxis? Ach, ich kenne mich aus mit der Fragwürdigkeit, auch der Lächerlichkeit von Autoren-Konfessionen, von Selbstkommentaren, Selbstinterpretationen. Autoren, die sich hierauf einlassen, sind freundlich und gewissenhaft, sie könnten über sich selbst promovieren, sie könnten Seminare über sich selber abhalten. Autoren, die sich auf eine pathetische Hochnäsigkeit zurückziehen und auf ihr mindestens BOTSCHAFTEN ausschickendes WERK, könnten unter anderm ihre eigene Ratlosigkeit preisgeben, sicher auch ihre sentimentale Arroganz. Alles in allem: keine Verhaltensweise macht mich hier froh. Und, was soll's, ein bißchen antworten kann man schon.

Es kommt viel Realität vor in Ihrer Prosa, es geht Ihnen offenbar um Erfahrenes, man findet Sachverhalte, wo bleibt das Erfundene, man erkennt Personen wieder, man erkennt Sie selber. Dann haben Sie sich, zu einem Teil, getäuscht, sage ich. Die Realität, von der ich schreibend ausgehe, rückt beim Schreiben von mir ab. Sie fängt beinah sofort an zu stören, sie würde lästig, ließe ich mich von ihr dazu überreden, sie nicht zu verändern. Ich schreibe keine Tatsachenberichte, ich schreibe keine Reportagen. Die Realitätsmetamorphosen, die Verzeichnungen und Übergriffe und Eingriffe, das Schreiben über die realen Konturen hinaus, also die Abänderungen dessen, wovon ich ausging, sind keine Veranstaltungen zum Schutz von Personen (die angeblich ERKANNT werden) und auch nicht zu meinem Schutz (vor den angeblich erkannten Personen und davor, daß man mich ERKENNT). Abschildern langweilt mich. Und gerade durchs vermeintlich schützende Verändern – eine Prosa-Notwendigkeit – gehe ich das – kleine – Autorenrisiko ein: ich muß auf beleidigten Protest gefaßt sein. Warum verkehrt sie denn auch das objektiv Positivere in kränkende Negation, warum übermalt sie schwarz, was doch immerhin zumindest grau, ja eher ziemlich hellgrau war und ist, was bezweckt sie mit den Schönheitsfehlern dieser heiklen Authentizität, wie soll sich die Außenwelt dazu verhalten? Was ist das für ein undurchschaubar feindseliger Satz, in dem der eine Sachverhalt noch stimmt, der andere aber böse verzerrt ist? Auf diese Weise will sie sensibilisieren? Soll das denn weh tun? Und warum nicht überhaupt besser desensibilisieren? Literatur als Umweltschutz . . . wer leidet denn nicht genug? Erbarmungsloses Mitleid? Ein paradoxer Schreibanstoß. Gut: das Mitleid muß ganz genau hinschauen, doch warum entdeckt es dann so ungnädig-leidenssüchtig immer nur unsere Krankheitsherde, warum deformiert das Mitleid unsere Lebensläufe in Krankheitsgeschichten? Schreibt sie aus böser Absicht? Gibt sie vor, aus guter Absicht böse zu schreiben? Macht es ihr Spaß, die Realität mit anschwärzender Einseitigkeit zu denunzieren? Oder ist dies einfach ein künstlerisches Manko: KANN sie nicht positiv positiv sein lassen? Ich sage: Wäre ich nicht angegriffen, würde ich mich nicht für dich, kranke, halbschlafende, deine häßlichen Wahrheiten scheuende Außenwelt interessieren und engagieren, samt deinen Personen, die beim Schreiben meine Personen werden; wäre das nicht so, dann gäbe es keine Zeile von mir. Und ist es nicht POSITIV, daß meine Personen es dauernd mit den Beziehungen zwischeneinander probieren, sind die Ursachen ihrer Anpassungsschwierigkeiten nicht POSITIV, weil sie, z. B., nicht vom Stumpfsinn abstammen?

Nun, es müßte aufreibend sein, immerzu ins Schwarze zu sehen, aber wir haben den Eindruck, als hielten Sie selber sich ganz schön abseits und draußen. Doch diesmal antworte ich wirklich nicht. Ich fechte nicht diesen oder jenen Eindruck an, den ich mache. Es geht weiter mit Ihrem Motiv, in schwarzer Tinte zu schreiben: nachdem Sie angegriffen sind und angegriffen haben, liefern Sie nicht die Therapie für die aufgekratzten Verwundungen. Wo bieten Sie denn Lösungen an, wo zeigen Sie denn die Richtung, wo bleiben denn die Rezepte, wenn Sie schon so unliebenswürdig diagnostizieren mußten . . . Sie erklären sich hier für unzuständig? Ach, Sie verharren ja bloß . . . Und schließlich: das Kind hat ja gar nicht NUR gelitten, die Lehrer waren ja gar nicht ganz so schrecklich, die unordentlichen Privatverhältnisse sind ja gar nicht DERART chaotisch und destruktiv, sie lassen sich beispielsweise auch aufräumen; die Vertrauensbrüche wiegen ja gar nicht so schwer, sie lassen sich beispielsweise auch kitten; es gibt ja gar nicht NUR die Ängste, die Eltern zeigen ja gelegentlich auch durchaus Verständnis, die Liebhaber sind ja gar nicht SO gewissenlos, die Zärtlichkeiten sind ja gar nicht SO kompliziert – bedenken Sie doch die jeweiligen Verstricktheiten, die inneren Folgerichtigkeiten, von denen die Fehlverhalten und das Versagen sich ableiten, helfen Sie also, Ordnungen wiederherzustellen, zwingen Sie Ihren Blick dazu, alles weitgehend normal zu finden. Und sollten Sie nicht doch auch, um der gesellschaftlichen und künstlerischen Balance willen, Personen vorführen, die sich nicht permanent spätbürgerlich-individualistisch (ein bißchen altertümlich, hm?) gegen die verordnete Außenwelt stellen, die sich nicht so hilflos ausliefern, denen sehr wohl was anderes einfällt als ihre eigene Empfindlichkeit – sollten Sie nicht? Sollten Sie nicht Ihre relativ engen Themengrenzen endlich überspringen? Es gibt doch noch dies und jenes und . . . so kennt man Sie doch nun allmählich. Kalkulieren Sie denn nur formal und innerhalb der Sprache, nicht auch thematisch?

Ich habe eigentlich genug von den Mißverständnissen. Es ist alles so gut und ernst gemeint. Ich muß die Mißverständnisse auf sich beruhen lassen. Und dazu die Interpretationen, die Unzufriedenheiten, die Postulate. Ich muß, wahrscheinlich weil ich so und nicht SO schreibe, weil ich überhaupt schreibe, einige Enttäuschungen auf sich beruhen lassen, einige Hoffnungen auf mehr gesellschaftliche oder meinetwegen politische oder meinetwegen allgemeinverbindliche Relevanz. Wer kann so schreiben, daß alle sich über alles klarwerden, wer SOLLTE so schreiben; wer blickt sich nach Forderungen von außen um, wer hält den Kritikern und Interpreten das um jeden Preis anpassungswillige Ohr hin, wer fügt sich, schreibend . . .

WARUM schreiben Sie? Warum SO? Deshalb. Weil das nun einmal ich bin, die hier schreibt, und nicht Sie es sind und Sie und Sie. Es wird nun einmal doch nicht immer gefunden, wonach gesucht wird. Ich bin einfach jemand, der schreibt. Ich bin normal eitel, also freue ich mich über Erfolg. Ich bin weitgehend abgehärtet oder wiederum auch hier normal eitel: ich fühle mich nicht übermäßig beeinträchtigt durch das gelegentlich wohl unvermeidliche Mißverständnis, durch das pädagogisierende, nörglerische Besserwissen, Besseresverlangen. Besseres verlange ich sowieso von mir selber jeweils. Mir scheint, ich bleibe etwas unseriös gegenüber den Reaktionen auf mich. Das ist gut für mich. Der Ernst reicht mir aus in meinem täglichen Umgang mit dem, WAS ich schreibe, und mit diesem nicht ganz abgesicherten: WARUM ICH SCHREIBE. Mit den Todesspielarten zu Lebzeiten. Sie veranlassen ausreichend streng und penetrant, DASS ich schreibe.

(1971)

Paulinchen war allein zu Haus – in eigener Sicht

Erzählt wird aus der Perspektive eines etwa 8jährigen Kindes, aber in der 3. Person Singular – und nicht in einem Kinderbuch- oder Jugendbuchton- und Stil. Dennoch: einfache Sätze, wenn auch nicht (oder nicht nur) auf ein kindliches Rezeptionsvermögen abzielend.

Thema: Einsamkeit des Kindes Paula, Einsamkeit, aus der es bald herauswill, in die zurück es – bald – wieder flüchtet. Eine abwechselnd erwünschte, und dann doch wieder auf mehr Kontakt angewiesene Isolation. Paula hat sich eingeübt, eingelebt in die Rolle eines Paul – sie hat noch nicht die Möglichkeit, genau zu reflektieren, warum sie sich als Paul etwas widerstandsfähiger und gefeiter fühlt. Im Grunde möchte sie schon mit sich identisch sein, sich so offenbaren wie sie ist. Einsamkeit, von der die überaus aufgeklärten und methodisch erziehenden Pseudoeltern überhaupt nichts ahnen. Einsamkeit innerhalb einer wissenschaftlich exakt durchgeplanten Obhut, aber aus Distanz. Die nicht blutsverwandten Eltern haben das Kind nicht als Heimkind im Babyalter übernommen, sondern als Waise von tödlich verunglückten, entfernt bekannten, den neuen Eltern aber wesensfremden Leuten. Das Kind muß bereits in einem erinnerungsfähigen Lebensalter gewesen sein, als es von dem Zwischenzustand bei den Großeltern wegadoptiert wurde. Bei diesen hätte es sich wahrscheinlich eher einleben können (es hat manchmal z. B. ein Verlangen nach den nicht so guten Kinder- und Jugendbüchern, nach etwas Kitsch oder nach Frömmigkeit – im Grunde ist es auf der Dauersuche nach einem Geborgenheitsgefühl, es hat Heimweh nach nicht ganz Geheurem; bei den neuen Eltern muß es sich in sein Heimweh verbohren). Die Adoptiveltern haben einen stets auffrischbaren Fundus an Lernmaterial über Erziehungsfragen. Sie hielten die Unterbringung bei den Großeltern für schädlich, für viel zu verschwommen-herzlich, prinzipienlos; die Gefühlsbetontheit des Kindes wäre nach ihrem Verständnis gefährlich unterstützt worden.

Die Adoptiveltern unterhalten sich in ihrem ebenso modernen Freundeskreis oft übers Kind, das diese Gespräche belauschen kann. So erfährt es viel über diese »Eltern« und die von ihnen gewünschte Beziehung zu ihnen. Im Leben des Kindes darf weder Schlaffheit noch Unprogrammiertheit vorkommen; die Adoptierenden (etwa Mitte 30, *vor* der Annahme des Kindes freiwillig kinderlos, und »emanzipiert« denkend) sind vollautomatisch bewußt-aufgeklärt-modern. So wissen sie selbstverständlich alles Einschlägige über Kinderpsychologie, und sie handeln nach den Informationen, nie aber nach einem spontanen Gefühl. Sie sind wohlmeinend. Sie wissen, daß man Bestrafungen als antiquiert ablehnt, daß aber diese und jene Strenge angebracht ist, auch dieses und jenes Verbot. Alles läuft bei ihnen nach Plan ab. Und genau so durfte es, um dem Kind das Geborgenheitsgefühl zu vermitteln, *nicht* sein. Die Praxis ist Theorie. Statt Liebe Interesse, Beobachtung.

Erzählt wird das an konkreten Beispielen. Zu Beginn der Erzählung wird das Kind sich seiner emotionellen Entbehrungen deutlich bewußt; Erschrecken über ungewiß Ersehntes, das ihm in jeder Minute entgeht bei diesem Erziehungsexpertengremium Kurt und Christa (es soll sie mit Vornamen anreden, würde sich aber auch widersetzen bei der Anrede Vater, Mutter). Zum ersten Mal fast ein Entzücken auch: plötzlich fällt ihm ein, daß vielleicht auch es selber eine Art Liebesentzug auf dem Gewissen hat. Es beschließt, Liebesannäherungsversuche zu machen – und scheitert dabei. Die Fachadoptiererzieher fürchten jeden Überschwang, alles Abwegige, Merkwürdige, es alarmiert sie.

Für diese beiden ist das Kind Studienobjekt, es liegt ihnen auch beruflich dauernd viel an Erfahrungen, die ihnen das Kind und ihr eigenes Reagieren auf ein Kind vermitteln sollen. Man kann das Kind verwenden, verwerten. Gleichzeitig tut man sogar was Gutes; gesellschaftliche Alibifunktion des Kindes – eine Art Opfer dieser zwei beruflich so Engagierten; Adoptieren ist was sehr Nützliches – usw. Verschlossen bleibt ihnen schon von ihrem Typ her, aber auch aus Prinzip, das heimwehsüchtige Innenleben des Kindes. Das Kind verlangt nach einem Mehr, nach Übermaß, Unmaß innerhalb eines konsequent-permanenten Maßhaltens. Zuneigung und Sympathie allein sind Magerkost fürs Kind.

Es beschließt, selbst mehr Emotion, also Liebe, in diese Adoptivleute zu investieren; es will sich herschenken – ein Liebesversuch. Will die beiden nicht länger mit seiner eigenen wahren, immer verheimlichten, Existenz verschonen, denkt: vielleicht entbehren diese Erwachsenen da auch sehr viel, und zwar, weil ich mich isoliere, mich ihnen vorenthalte. Es will mal was von seiner Identität verraten. Erzählt wird das wieder an Beispielen, Aktionen des Kindes. So macht es kleine, überschwengliche Gedichte, Malereien usw. – all das gegen die Kühle gerichtet, um endlich Wärme herzustellen.

Kleine Erfolgserlebnisse, große Enttäuschungserlebnisse. Es kommt immer nur zu Anläufen, Anfängen – danach entstehen für das Kind Unterbrechungen, die Erwachsenen kommen nicht mit, bleiben auf der Strecke, es selber bleibt auf der Strecke. Vielfach wandert es durch eigene Fantasieterrains; als ›Paul‹, oder mit den »wahren« Eltern, die im Gedächtnis des Kindes unscharf real sind, aber sehr deutlich in der lebensrettenden, liebessüchtigen Einbildungskraft. So vermischt es Wunschdenken und mögliche Erinnerungen an Wirklichkeiten. Bald will es nicht so viel vermissen, bald wieder ist sein Heimweh ihm sehr wichtig, um überhaupt einen Anknüpfungspunkt zu haben.

Einiges machen die adoptierenden engagierten Schöngeister auch richtig. Oder *zu* richtig. Verboten ist z. B., im herkömmlichen Sinn, grundsätzlich nichts, es gibt aber Sperren, Regeln, Spielregeln, Gesetze. Es gibt die Grenzwerte, über die Gefühle nicht hinaussollen. Das Kind nascht. Das Kind macht, nachdem es absichtlich was Gutes hat tun wollen, absichtlich was Abgefeimtes. Trotzreaktionen auf zu viel Ausgewogenheit. Zu viel Sichfreuen erscheint den Eltern so verdächtig wie zu viel Trostbedürfnis. Sie scheinen bei jedem kleinen, guten oder schlimmen »Unfall« sofort jeweils das modernste Lehrbuch in der Hand zu haben und sich dort über ihr Reaktionssoll zu informieren. Indem sie es vermeintlich fehlerfrei machen, machen sie Fehler. Sie passen auf jeweilige Infantilismen beim Kind auf: die aber sind seine Zuflucht, weil es sich allzu oft durch die Realität ausgetrocknet, ausgeödet fühlt. »In deinem Alter paßt das oder das nicht mehr. . .« Das Kind will aber manchmal ein viel kleineres Kind sein.

Ein dosiertes Leben. Ferien, Schule, das Kind darf auch ein paar Ausnahmesituationen erleben, mal extrem lang aufbleiben oder einen Film für Erwachsene sehen, einen Kleinzoo besuchen – usw. Mit der Zeit wird es wohl durch die Einsicht ernüchtert, daß die Anziehungskräfte, die diese Erwachsenen bei aller Reserve und Angst für das Kind doch waren (weil es sich nach Bezugspersonen sehnt), nicht stark genug sind. Das Kind will aufgeben. Es will weg. Äußert am Schluß der Erzählung den Wunsch, in ein Internat zu gehen (obwohl es ja Einzelgänger ist). Eigentlich ein Verzweiflungsmotiv, auf dem das Kind aber Hoffnungen aufbaut. Die Eltern machen sich was vor, sind stolz; aber doch auch nicht so dumm, daß sie nicht spürten: das Kind will weg, weil wir – warum zwar wissen wir nicht ganz – versagt haben.

(1974)

Zweimal Goethe –
Gedicht und Interpretation

JOHANN WOLFGANG GOETHE
AN DEN MOND

Füllest wieder Busch und Tal
Still im Nebelglanz,
Lösest endlich auch einmal
Meine Seele ganz;

Breitest über mein Gefild
Lindernd deinen Blick,
Wie des Freundes Auge mild
Über mein Geschick.

Jeden Nachklang fühlt mein Herz
Froh- und trüber Zeit,
Wandle zwischen Freud und Schmerz
In der Einsamkeit.

Fließe, fließe, lieber Fluß!
Nimmer werd ich froh,
So verrauschte Scherz und Kuß,
Und die Treue so.

Ich besaß es doch einmal,
Was so köstlich ist!
Daß man doch zu seiner Qual
Nimmer es vergißt!

Rausche, Fluß, das Tal entlang,
Ohne Rast und Ruh,
Rausche, flüstre meinem Sang
Melodien zu,

Wenn du in der Winternacht
Wütend überschwillst,
Oder um die Frühlingspracht
Junger Knospen quillst.

Selig, wer sich vor der Welt
Ohne Haß verschließt,
Einen Freund am Busen hält
Und mit dem genießt,

Was, von Menschen nicht gewußt
Oder nicht bedacht,
Durch das Labyrinth der Brust
Wandelt in der Nacht.

An den Mond: das verfällt nie im poetischen Vorrat, der in meinem Kopf ist. Ein Kommentar aber stolpert der Schönheit dieses Gedichts hinterher. Die Begriffe Übereinstimmung (aus historischer Entfernung eine Unmittelbarkeit der Empfindungsnähe), Besänftigung, Wohltat, Beistand, Erstaunen über die kompliziert einfache Sagbarkeit müßten vorkommen. Etwas geradezu Therapeutisches, das auch zuträfe, würde durchscheinen, und wäre mir doch, weil es gefährlich mißzuverstehen ist, nicht recht. Ich müßte also reden und reden, z. B. über die Immanenz von Glück und Schmerz, über den Trost gerade nicht durch beherzt-plumpe Aufmöbelei, sondern durch Trostsuche, Trosttrieb und Auf-Trost-angewiesen-Sein; über Aussöhnung der Antinomie von »froh- und trüber Zeit«, Freude und Qual, die erst durch einen Zusammenhang ganz erlebt werden und so einander auflösen können, durch die Erfahrung der Gleichzeitigkeit eines Gegensatzes: sie bewirkt, daß nichts blutarm und halbwegs und lau, mittelmäßig auf der Gefühlsstrecke bleibt. Daß ein Glücksgefühl inmitten vollkommener Schmerzzufuhr GANZ erlebt werden muß, nur so ganz und gar stattfinden kann. Dem auch mir Erfahrbaren bin ich lesend auf der

Spur, und wenn ich nicht leer ausgehe und nicht gleichgültig
Sätze an mir vorbeiziehen lassen muß, wiederholt sich das
Gelesene in mir jederzeit, im Bedarfsfall. *An den Mond:*
zusätzlich, weil ich es in einer Höchstdosis zu mir nehme, in
der Kombination Goethe/Schubert (was Goethe, der den
vertonenden Johann Friedrich Reichardt dem Schubert vor-
zog, nicht so recht wäre), und mit dem ebenfalls therapeuti-
schen Wirkstoffanteil: der Handschrift meines Vaters. Von
der singe ich die Zeilen in meinem Denken ab. Mein Vater
hat mich vor Jahren mit den abgeschriebenen Strophen in
einem Brief genau erreicht, irgendwo war ich, und vor dem
Gedicht, ohne es, nicht gut dran . . . Text und Musik: ich
habe sie verfügbar in meinem Bewußtsein, so daß mit ihrem
Konsum eine Beruhigung eintreten kann, der unzumutbare
Befund EXISTIEREN (ENDEN, VERGÄNGLICHKEIT) wird beinah einfach und zumutbar. Es entsteht: überschaubares »Gefild« in
einer endlich übergeordneten Geborgenheit, ein endlich
übergeordnetes Vertrauen löst meine Unruhe über das ewige
Nichtbescheidwissen auf. Eine Angst und ein Ekel vor der
Zukunft kommen abhanden: für die Dauer der Höchstdosis
und etwas über sie hinaus und immer, wenn ich sie zu mir
nehme.

(1974)

JOHANN WOLFGANG GOETHE
EIGENTUM

Ich weiß, daß mir nichts angehört
Als der Gedanke, der ungestört
Aus meiner Seele will fließen
Und jeder günstige Augenblick,
Den mich ein liebendes Geschick
Von Grund aus läßt genießen.

Halt! rufe ich mir zu. Was ist denn heute wieder mit dir los? Bleib doch mal stehen, geduldig. Ich wirke fahrig, aber es ist schlimmer, daß ich lustlos bin. Nichts kommt mir vollständig vor, und ich sehe nur noch Vergeblichkeiten. Auch dieser vorhin noch gut Getröstete muß längst von neuem versorgt werden. Der Gefallen, den ich gerade getan habe, ist jetzt schon verjährt. Die Vergänglichkeit stört und stört. Ich muß schnell wieder mal meine Versorgungstricks anwenden, mein inneres Repertoire, durch das eine Leere mit Widerstand aufgefüllt wird. Es ist nämlich wirklich lächerlich und kriminell, mit Trotz und phantasielos überlaunig Zeit zu verlieren.

Bring dich unter, sage ich mir also, beispielsweise in diesem spruchartigen Gedicht. Der selbstbewußte Eigentumsnachweis ist ungesprächig strikt und dennoch sanft. Er stiftet einen kleinen Besinnungsfrieden zwischendurch. Schluß mit den Wegwerfmomenten und den zersplitterten Aufmerksamkeiten! Ich benutze Goethes Übersicht, ich gehe den ruhigen Ausweg. Mein Augenblick ist mein Zuhause. Jemand, etwas befürwortet sogar, daß ich *genieße*. Ich höre auf mit den Empfindungstiraden und fange an mit der gelassenen festen Behauptung, daß auch *ich weiß*.

Ist das eine etwas elitäre Haltung, ein bißchen ungesellig? Dieser bewegte Stillstand präpariert mich für die sozialeren Positionen. Die Problemfiguren in meiner Umgebung spielen ja in meinen Konfliktkulissen mein ganzes Eindruckstheater weiter – ich bin nur für die Dauer einer Regieanweisung abgerückt. Das ist kein Rückzug, für mich hört sich Goethes langer Satz nach einer Richtigstellung an. Das ist keine Zuflucht, wohin auch, mein Denken ist nicht idyllisch. Dieses Gedicht hat seinen biographischen Moment bei mir und war einmal der »günstige Augenblick« selber. Seitdem bin ich froh über die Anwendbarkeit dieser sechs Zeilen, und wie sie gebrochen sind, interessiert mich nicht weiter. Es paßt mir, daß sie einen Gebrauchswert haben. Ich erkenne sie wieder, die viel zu hochsommerlichen Ferientage mit seelischem Hin und Her von schuldbewußter unordentlicher Trauer. Sie galt ja schon weniger einem Toten als mir selber, dieser touristischen Person mit Fortsetzungswünschen und gutem Appetit für sämtliche Mahlzeiten pünktlich! Da fand ich, unterstrichen von dem, der in meinem ungenügenden Unglücklichsein von mir überlebt wurde. Goethes kleine gründliche Ermahnung, die Maßnahme gegen Eigentums-delikte, diese Klärung der Besitzverhältnisse, meine erlaubte Selbständigkeit.

Und vertont habe ich »Eigentum« auch, um es gegen meine Vergeßlichkeit abzusichern, völlig unfrei nach Schubert und mit willkürlichen Einschnittverteilungen, und auch mir hätte Goethe daraufhin nicht einmal einen Brief geschrieben.

(1977)

Kann Ihnen der Mond noch nützen?

Auf Gemütsergebnisse bedacht, sind mir die Gedichte am ergiebigsten, mit denen ich mich sofort verständigen kann. An dieses Goethe-Gedicht will ich anhänglich bleiben, und damit auch an Situationen. Es ist nicht leicht, von einem Vater zu erzählen, der auf Spaziergängen die »Urworte orphisch« und, um uns zu erheitern, das »Sendschreiben an Merck« zitierte, und auch »An den Mond«, vielleicht von »Busch und Tal« angeregt. Man konnte ihn aber immer unterbrechen, sogar mit Gelächter, wenn er mal nicht weiterkam: so bildeten wir die ihm unentbehrlichen Anführungszeichen, und nur in deren Umrahmung hat er ja Goethe mit in den Wald genommen. Wenn dieser Vater sich doch auf die Depot-Wirkung bei uns Kindern verließ, so hatte er recht.

Die Anwendbarkeit von »An den Mond« liegt in jeder Zeile wie ein Angebot zur verwandten Empfindung. Es ist ein Liebesgedicht. Unartikulierte Liebesschmerzen aller Anonymen können sich in der Gefühlsgeschichte zwischen Goethe und der Freifrau von Stein unterbringen.

Der Mond wird angeredet! Was »von Menschen nicht gwußt« »in der Nacht wandelt«, wird beschworen: nur diejenigen Gedichte, die aus dem zuerst ganz persönlichen Blick auf den zuerst ganz privaten Ausschnitt Welt sich in die Rätselhaftigkeit des Irrationalen vorwagen, die zu diesem Zweck die Himmelsrichtung wählen, den Mond zum Beispiel, die ein Menschengefühl transzendieren, nur diese Gedichte ziehen bei mir.

Aus der »Liebsten« der ersten Fassung (zwischen 1776 und 1778 geschrieben) wurde zehn Jahre später in der Endfassung der »Freund«, »des Freundes Auge mild«.

Es spricht ja für Goethes Gedicht, daß man seiner nicht nur an den Krankenlagern der Liebeskummerpatienten bedarf. Mein Vater bewies es mir: ein unverworrener Mann ohne heimliche Gefühlsmißwirtschaft. Ziemlich immun bin ich gegen autobiographische Mutmaßungen: hat Goethe beim Bild vom Fluß die Ilm assoziiert, in der sich Christel von Laßberg am 17. Januar 1778 ertränkte? Doch wenn es stimmt, daß eine allererste Niederschrift schon 1774 entstand, was dann mit dieser Lebenslaufparallele, in der, wie meistens beim autobiographie-besessenen Interpretieren, sich kaum unterdrückte Schuldzuweisungen aufspielen möchten? Es scheint ja so verlockend, die Genies in ihrem Alltag bei irgendeinem Mißbrauch zu ertappen.

Zu Frauen war er gar nicht so nett, dieser Goethe, und auf das dunkle Kapitel Entfremdung, zwischen ihm und Charlotte, hat er mit »dunklen« Reimen geantwortet, schnell offenbar aus der Rolle der Privatperson mit Gefühlspflichten in die des Dichters mit Kunstverantwortung schlüpfend. Ich halte mich auch nicht mit dem feministischen Vorwurf auf, Goethe habe plagiativ eine »An den Mond«-Variante der Charlotte (von ihr »meine Fassung« genannt) für seine letzte Fixierung ausgebeutet. Der »Nachklang«, das ist allerdings Charlottes Wort-Fund.

Schönes Hin und Her der Inspiriertheiten! Ging Goethe eine Melodie des Zürcher Komponisten Keyser (zum Text eines H. L. Wagner) im Kopf herum, oder fand er nachträglich, daß die einfache strophenförmige Musik gut passe, und dachte er sich sein Gedicht denn als Lied? Spätestens jetzt fällt mir Franz Schubert ein, durch dessen Vertonung überhaupt das Gedicht mir erst jederzeit abrufbar ist, und Höchstdosis der Schmerz- und Glückszufuhr, auf jedem beliebigen Bahnsteig, in jeder Unlustverfassung als Ausweg zu benutzen, Schubert, den Goethe abwies und mit dessen Hilfe ich »Gefild« und »Nebelglanz« gar nicht erblicken muß: die Innenabbildung genügt. Von Schubert unterstützt, schaue ich mir meinen Goethezeit-Mond auch bei Hochdruckwetter im Tageslicht an. Das erregt meinen leisen Verdacht gegen mich, macht mich staunen über eine Tante, mehr eine Freundin, die sogar als Berufsmusikerin sich lieber vor der Musikzutat drückt, weil sie das Gedicht ohne jede selbständige Kunstleistung der Melodie schon grenzgängerisch genug liebt.

Und kann denn ausgerechnet Ihnen der Mond noch irgendwie nützen? So werde ich gefragt. Es beschädigt ja den Mond dieses Gedichts gar nicht, daß Astronauten ihn abgestapft haben. Der Mond ist diese mit uns sympathisierende Anrede-Figur geblieben, immer dann, wenn wir mit ihm nicht nur den naturwissenschaftlich untersuchten Erdtrabanten meinen, sondern über unsere liebeschmerzvolle Endlichkeit in der sehnsuchtmachenden Unendlichkeit, in der er uns zuleuchtet, nicht zu verzagen versuchen.

Wie schön ist allein der Titel! Und womit soll man in der literarischen Gegenwart die therapeutische Sanftheit herstellen, die in der Unbefangenheit dieser goetheschen Art, »dunkel« zu reimen, versteckt ist? Die einzige Imitation, die sich nicht verbietet, ist angesichts dieses Meisterwerks das stille Nachvollziehen, ist ein Genuß, so epigonal wie möglich.

(1980)

Drei Gedichte – für die Schule erklärt

Diese gut genug verheiratete Frau da
Sie scheint zufrieden genug.
Sie schätzt gleichwohl die Tagesstunden zu sehr
Die ihren Mann im Büro festhalten
Er haßt diese Verausgabung
Er beantragt einen längeren Urlaub.
Jetzt kommt es drauf an
Daß die Frau ihn in seiner Todesgefahr
Erkennt, sie muß das jetzt
Einfach wahrnehmen: er könnte sterben!
Mitleidig im voraus nimmt sie sich –
Sehr große Liebe –
Ganz fest vor, ihn bei seiner Absicht
Dem Urlaubsantrag zu unterstützen.
Dazu stellt sie sich sein Lächeln
Als die Erinnerung an dieses Lächeln vor.

Ich habe mich bei einer Gedankenlosigkeit ertappt. Bei schlechter Laune. Es ist nicht einmal eine besonders schlechte Laune. Sie ist nur einfach nicht gut. Ohne richtigen Grund. Das macht mich schuldbewußt. Launenhaftigkeiten kommen mir wie ein Nachweis für versäumte Verantwortung vor. Undankbar auch. Unaufmerksam. Es ist so, als würde man unpräzise leben, einfach nachlässig, schlampig. Lebenszeit also vergeuden.
So stelle ich mir meine »gut genug verheiratete Frau« vor. Aus Gedankenlosigkeit gerät sie in eine Art Übellaunigkeit ihrem Mann gegenüber, der von einer ganz selbständigen, nur ihn betreffenden Hoffnung zehrt:
Er beantragt einen längeren Urlaub.

Und ihr fällt ein, daß sie sich nicht genug freuen würde, wenn er endlich Erfolg damit hätte. Wie allein sie ihn läßt. Wie abgetrennt von ihr vollzieht er da sein eigenes Leben! Wie unaufmerksam für ihn geht sie an jedem einzelnen Werktag darüber hinweg, daß er seine Bürostunden verabscheut! Seine Lebenszeit, die ihm als »Verausgabung« täglich verlorengeht, dahinschwindet, sie profitiert davon!

Fest steht, daß sie, auf dem sicheren Boden ihres wirklich guten Verheiratetseins, eigentlich nicht besonders opferwillig ist. Ihr wird eine große Schuld, wahrhaftig etwas ziemlich Sündiges offenbar:

> Sie schätzt . . . die Tagesstunden zu sehr
> Die ihren Mann im Büro festhalten.

Ohne sich seine Gedanken zu machen. Ohne seinen Kummer, seine Geplagtheiten zu teilen. Ja, unbeteiligt ist sie an ihm wenigstens in dieser Hinsicht. Daraufhin muß sie am Schrecklichsten Maß nehmen, das zwei miteinander lebende Menschen sich ausdenken können, am Endgültigsten und Unwiderruflichsten! Um wieder mild zu werden, versöhnlich, und wirklich »gut genug verheiratet«, muß die Frau sich den Tod des Mannes vorstellen. Seine »Todesgefahr« erkennen. Die Hinfälligkeit eines NOCH lebendigen Organismus.

> . . . sie muß das jetzt
> Einfach wahrnehmen: er könnte sterben!

So unwahrscheinlich ist das jederzeit mögliche Sterben schließlich ja überhaupt nicht. Viel zu selten – zu unserem Schutz wohl sind wir hierin ein wenig stumpfsinnig, fahrlässig aus eingebauter Selbsterhaltungstendenz – viel zu unscharf und fast auch nie freiwillig, aus eigenem Anstoß nehmen wir uns vor, das Leben einer Person, die wir lieben, von ihrem Tod her zu definieren. Jede Lebensminute für einen Gnadenakt zu halten. ER LEBT JA, ER LEBT JA zu denken, stoßseufzerhaft.

Wir wagen es tatsächlich, diese ganzen lieben unentbehrlichen Atembewegungen eines Körpers für eine Selbstverständlichkeit zu nehmen. Das ist leichtsinnig. Es ist die Gedankenlosigkeit. Daher stammt auch die nicht besonders gute Laune. Für die blöde hirnlose Selbstsucht, durch die dann jemand »Tagesstunden« einer Isolation »zu sehr schätzt«, wenn dem anderen überhaupt nichts zu schätzen bleibt.

Die Frau in meinem Gedicht rafft sich auf. Endlich, inmitten ihrer unordentlichen inneren Verfassung, kommt wieder das ganze, das alles umfassende Wohlwollen für ihren Mann auf. Die größte Liebesanstrengung ist sie nun zu machen bereit: sie wird seinen Urlaubsantrag unterstützen. Das heißt, daß sie ihm endlich sehr zureden wird, diesen Urlaub, der ihr irgendwelche einzelgängerische, eigenen, müßigen Gewohnheiten nehmen könnte, noch dringender zu beantragen. Oder was immer dabei zu tun ist. Worauf es ja nur ankommt, das ist im Denken des Mannes die absolute Solidarität seiner Frau. Wie immer die Sache auch ausgehen wird, die Frau kann sich jetzt schon belohnen, für den kleinen Verzicht, für die kräftige Unterstützung: mit dem großen Gewinn:

Dazu stellt sie sich sein Lächeln

Als die Erinnerung an dieses Lächeln vor.

Wahrhaftig, sie spürt ja nun, wie schrecklich und unfaßbar gut sie dran ist, NOCH dran ist: denn noch lebt er, und noch kann sie sein Lächeln eines Lebenden zu sehen bekommen, noch muß sie sich nicht erinnern wie an einen, mit dem sie »gut genug verheiratet« war, und nicht gewesen wäre, hätte sie nicht die Vorstellung von seinem Sterben riskiert. Sie muß es jetzt schon üben, sterben, damit dieses Leben ein LEBEN gewesen ist.

Diese Witwe beweint plötzlich im Stück ÜBERLEBEN
Fahrlässig gegenüber den vertrauten Regieanweisungen
Uneinsichtig ohne himmelwärts gewandtes Darüberstehen
Einfach kindisch, einfach in sehr großer Liebe gegenständlich
Ihren toten Mann in diesem Moment
Nur um der diesjährigen Spargelernte willen
Es schmeckt ihr ja selber nicht mehr richtig!
Sich selber beweint sie
O ja, wie fehlt er ihr doch.
Keine Komposition und kein Vers
Steht ihr bei gegen das irdische Vergnügen
Du Armer, mir kommt keine schöne Idee
Zu dir, diese albernen Spargeln –
UND BUCHEN WIR DAS AB ODER BEZAHLEN WIR ES BAR
Kann ich dich auch nicht mehr fragen!
Es muß wohl so gewesen sein, am Entstehungsvormittag
dieses Gedichts: beim gewohnten Zehn-Uhr-Telefon zwi-
schen meiner Mutter und mir werden wir über die diesjäh-
rige Spargelsaison geredet haben, ein Thema für den kurzen
Austausch, der das Nebensächliche benennt und Wichtiges
meint, dieses Wichtige aber verschweigt. Viel zu hohe
Preise, werde ich wahrscheinlich gesagt haben, Preise für
Snobs. So was Unentbehrliches sind Spargeln nun auch
wieder nicht. Daß mein Mann und ich bei diesem Luxuskon-
sum und Spargelfetischismus nicht mitmachen würden,
könnte ich auch noch zugesichert haben. Im Ton der Verachtung für die ganzen Wohlstandsverschwender. Als würde
meine Mutter sich nicht freuen über irgendeinen kleinen
Leichtsinn und puren Genuß bei ihren Kindern! Warum war
ich so drauf aus, ihr meine eigene Wut auf die Spargeln dieses
vierten Sommers ohne ihren Mann, meinen Vater, beizu-
bringen, sozusagen einzuprägen?
Worüber wir schwiegen, was diesmal bei dieser Belanglosigkeit das Belangvolle war, das ist nichts Geringeres, nichts

weniger unumstößlich ihr Leben Veränderndes gewesen als der Tod. Als ihr neues Leben in der Abart und Un-Art eines Überlebens. Ich dachte an den täglichen kleinen und doch so ungeheuerlichen Erfolg, den sie haben muß beim Weitermachen mit allem, allein. Bei den Einzelheiten eines Alltags, allein. Sie hat genug zu tun, aber sie muß es auch täglich für sinnvoll halten können, genug zu tun.

Sie hat das alles ja verstanden: ihr Mann ist gestorben. Ihr hauptsächliches Leben, in dem der größte Schmerz noch nicht vorkam, findet eigentlich nicht mehr statt. Sie ist in keiner anklägerischen Stimmung deshalb. Sie ist erst recht nicht weinerlich, nicht störrisch, nicht unvernünftig. Vielleicht, ich nehme es an, konnte sie mit dem Schmerzerlebnis VERLUST in eine verinnerlichende Übereinstimmung kommen.

Schon aber macht mich ein Satz wie dieser zornig. Es fällt mir nichts als Aufsässigkeit ein, wenn ich an so ein Alltagsmahnmal denke, wie die dummen unwichtigen wichtigen Spargeln einer beliebigen Saison sind, wenn ich an den Tod von einem denke, der das unvernünftige Genießen – kurzfristig, fast unauffällig für die Dauer einer Mittagsmahlzeit – gerechtfertigt hat. Mir wird wieder klar, daß ich damit leben kann, einen sehr geliebten Menschen zu vermissen. Ein Vater fehlt sehr. Und immer wird das so bleiben. Und vor sämtlichen Hinweisen, mit denen ich mich auf täglichen Wegen in meinem Haus an ihn erinnere, vor seinen Fotografien da und dort, spüre ich Verlust, Trauer, etwas auch wie Mitleid, aber diese ganzen Zeichen für mein Gedächtnis, sie helfen mir ja eigentlich beim leichteren Fortkommen in meinem eigenen täglichen Leben. Ich habe es besser, weil er mir weiter zuschaut.

In meinem Sinn jemanden zu vermissen, das muß einfacher sein. Fast ein bißchen sublimierend. Ich empfinde das Unstatthafte meiner Art von Schmerz. Ich bedenke die wahre Entbehrung. Die Einzelheit SPARGELN, gegriffen aus dem unscheinbaren Alltag, kommt mir wie ein Symbol vor für

die immer doch wieder ganz und gar unmögliche Existenz-
form des Verwitwetseins. Diese Zumutung.

Gebetartig mag man sich in einer verschlüsselten Konferenz
mit dem Himmel verständigt haben über das Sterben der
allerwichtigsten Person. Man bekommt eine Art Zuversicht-
lichkeit hin, etwas Jenseitiges, man kann sich da in eine ganz
private, geheimsprachliche Korrespondenz mit schutzengel-
haften und höheren Harmonien gerettet haben. Der verwit-
wete Mensch kann sich auch an den Erlösungseffekt für den,
der gestorben ist, halten. Und dann sind da wir Kinder, für
meine Mutter. Erwachsene Leute längst. Mitten im Tagesablauf, beispielsweise durch die Spargelpreise dieses Frühsom-
mers, fällt überdeutlich auf, wer die wichtigste Person ist. Es
ist immer die, mit der man diesen alltäglichen Tagesablauf
absolviert. Etwas sehr Gegenständliches, etwas sehr Hand-
greifliches stört plötzlich alles überirdische Machwerk. Das
Tröstendste könnte jetzt nicht mehr trösten. Das beglück-
kendste Gedicht beglückt jetzt nicht. Schubert zu hören,
würde nicht weiterhelfen. Der beste Regenfall versagt. Die
Wolken sehen leer und nur nach Flugverkehr aus. Du solltest
jetzt hier sein, um mit mir den luxuriösen, etwas törichten
Einkaufszettel zustandezubringen!

ALTE FRAU, RATLOS AN DER HOTELREZEPTION

Das sagt sie nicht.
Eher streng veranlassend ist ihr Ton:
Schauen Sie nochmal in ihrer Liste nach!
Mein Name muß vermerkt sein.
Vielleicht unter K
Häufig wird mein Anfangsbuchstabe
Schlecht gehört . . .
Das sagt sie nicht
Zum Burschen
Dem einzigen Mitleidigen im Gewirr

Der Kongreßteilnehmer und der
Eifrig-bestechlichen Hotelpersonalkollegen
Sie sagt nicht:
Seien Sie bitte auf keinen Fall jetzt
Zu lieb zu mir
Es macht mich noch älter
Lassen Sie ruhig den Eindruck
Von Unverschämtheit
Ungestört auf mich einwirken
Wenn schon kein Respekt
Für mich zu haben ist
Bitte, lächeln Sie nicht
Nicht sanft, nicht enkelähnlich
Nicht vertraut
Ich möchte Sie unter gar keinen Umständen
Gernhaben . . .
Sähe nach Tränen aus
Verstanden?

Für alles, was ich schreibe, gilt: es soll nicht nachträglich
vermutet werden, eigentlich hätte ich ja etwas ganz anderes
sagen wollen. Oder: noch sehr viel mehr als da – im Gedicht –
zu lesen ist, hätte ich sagen wollen. Ich hätte etwas verkündi-
gen wollen, irgendeine ziemlich große Botschaft, eine Ge-
heimmitteilung an den Leser. Und nun fange also die Arbeit
an, dieses noch von mir Verborgene Satz für Satz, Wort für
Wort, aus seinem Versteck zu holen. Die Arbeit des Lesers,
das Interpretieren! Ich selber sehe es anders und ich verstehe
meine Texte eher buchstäblich.

Das schließt selbständiges Weiterdenken dessen, der liest,
aber nicht aus. Nur muß dieses Weiterdenken Vergnügen
bereiten. Und für vergnüglich halte ich es, wenn ich selber
Leser und nicht Autor bin, daß meine Phantasie sich ans
Ergänzen machen kann. Ich will anfangen, mir meine eigenen Bilder zu machen.

Bei diesem Gedicht, ALTE FRAU, RATLOS AN DER HOTELREZEP-
TION, stiftet schon der Titel dazu an, sich eine Szene vorzu-

stellen. Anschaulichkeit gehört zu meinen Absichten. Ich lese den Titel und blicke sofort auf ein Mißverhältnis. Die alte Frau und die Rezeption, sie passen nicht zueinander. Erst recht nicht von der elften Zeile an: durch sie wird deutlich, daß es sich um die Eingangshalle eines großen und schicken Hotels handelt: hier werden Kongresse abgehalten. Hier gehen lebensgeschickte Leute ein und aus, tummeln sich in Gruppenreservierungen. Kein Zimmer frei für die Heldin des Gedichts, die von mir ganz unzeitgemäß »alte Frau« und nicht »Seniorin« oder »alter Mensch« genannt wird. Sie hat aber ordnungsgemäß und rechtzeitig gebucht und geht trotzdem zwischen weltgewandteren, beruflich beschäftigten Leuten verloren. Sie ist eine isolierte Person, ein von keinem hier ernstgenommenes Einzelwesen, nicht vielversprechend, eigentlich verdächtig privat, unter keinerlei Schutzdach einer Organisation, sie ist keine Gruppe, sie wird nicht erheblich konsumieren – und ich behaupte im Titel von ihr, daß sie ratlos ist. Sie versucht aber, sich in der Rolle einer Unerschrockenen zu tarnen. Den mehr versprechenden Weg zu ihrem Ziel – sie hat ein Anrecht auf ihr Zimmer – den schlägt sie nicht ein: den Weg über Jammern, Mitleid- und Gnadeheischen. Obwohl das diplomatisch wäre. Als Frau und alt dazu liefert sie die Bedingungen, zu denen eine gewisse Herablassung abgegeben würde. Nein, diese Frau wünscht nicht einmal eine Freundlichkeit!

Dringend hofft sie, der einzige am Rezeptionstresen, der nett zu ihr ist, dieser »Bursche« im Enkelalter werde nicht zu lieb zu ihr sein. Sie möchte nur korrekt und gerecht wie alle andern behandelt werden. Sie möchte nicht übersehen werden, sie möchte nicht nach einer Diagnose, die auf Unerheblichkeit lautet, getilgt werden: zunächst aus einer Reservierungsliste, dann allgemein gesehen aus dem geschäftigen, gedankenlosen Alltag fremder Menschen. Und doch zieht sie »den Eindruck von Unverschämtheit« einem liebevollen Lächeln des Rezeptionsangestellten vor: sie möchte nicht, durch Gesten des Erbarmens, noch bedauernswerter und noch älter werden. Wohlgemerkt: das ist ihre subjektive Empfindung, oder: es ist meine Empfindung, meiner Heldin auferlegt, es ist eine fixe Idee und kein Erkenntnisstrang aus objektivem Wissen. Das Gedicht ist keine Altersfallstudie. Fest steht, daß eine »alte Frau«, die sich mit ihrem offiziellen Statusbewußtsein und Rollenklischee in einem harmonischen Einklang befände, erstens wahrscheinlich ihr Zimmer bekäme, zweitens und drittens und niemals ein Gedicht ergäbe. Die Einwilligenden bieten keine Angriffsfläche, und das heißt: In der Rebellion, und sei sie auch noch so ratlos, birgt sich der Schreibstoff.

Nicht mehr lang – und vor einer anderen Kulisse als dieser – wird jemand »Oma« zur alten Frau sagen. Hier im Drei-Sterne-Hotel wahrt man immerhin den Schein, hier wäre sie, falls es zu einer Anrede käme, doch eher eine »Gnädige Frau«. Dieselbe Person könnte später, vor einer Ampel im Straßenverkehr, aber bei jemandem, der es nicht einmal böse meint (nur: Gut meint er es auch nicht), diese »Oma« sein. Oma: ein vorgeblich anheimelnder Titel, denn wo er aus dem familiären Zusammenhang gerissen ist, beinhaltet er nur ein ansehnliches Quantum Geringschätzigkeit.

Frauen wie meine Hauptperson spüren so etwas. Sie sind die Ausnahme, sie gehören zur Minderheit, der von jeher das interessierte Mitgefühl der Schriftsteller gegolten hat. Es ist die Minderheit der Unanpaßbaren, der Feinfühligen. Alte Frauen wie meine fahren nicht mit nach Mallorca, in die Türkei, in die Club-Ferien. MEINE alte Frau empfindet die Demütigung ihrer Lage – eine andere, eine reiselustige alte Frau aus der Mehrheit der Scheuklappenträger hätte gedacht: Pech gehabt, halb so schlimm, kann passieren; in was für ein lustiges Getümmel wichtiger Geschäftsmenschen bin ich da aber auch geraten. MEINE alte Frau sieht nicht wichtige Geschäftsmenschen, sondern Wichtigtuer. Aber daß sie beleidigt ist, will sie nicht erkennen lassen. Sie versucht sich im Umgangsstil, der zum Hotel und seinem Personal paßt, und mit dem Instinkt für die richtige, wenn auch erfolglose

Tonart fordert sie, unter einem anderen Anfangsbuchstaben nach ihrem Namen forschen zu lassen.

An dieser Stelle gerate ich selber in eine typische Interpretier-Versuchung: wie nahe läge es, nun zu folgern: eine andere möchte die alte Frau sein! Aber: so habe ich es beim Schreiben nicht gemeint. Verboten, sich in diese Absicht hineinzuassoziieren, ist es trotzdem ganz und gar nicht.

(1978)

Hermann Hesse, Unterm Rad

Es ist nicht weiter undurchschaubar, warum man sich vorm Wiederlesen einstiger Lieblingsbücher scheut, besonders dann (mit einer Art Schutzschicht aus Anhänglichkeit und Dankbarkeit sie und sich selber absichernd), wenn es sich um Bücher aus ganz frühen, richtig unschuldigen Leselebensaltern handelt. Daß die beste, die aufrichtigste Zeit fürs Lesen um ist, weiß man betrübt, als jemand, der schreibt. Ehemalige Lieblingsautoren nenne ich einfach besser immer weiter so. Es bleibt meistens beim stillen und wohligen Vorsatz, Skepsis eingeschlossen, sich eines verwunschenen angenehmen Tages aber doch zum Wiederlesen aufzuraffen – nur gibt es dieses dazuerhoffte »stille und wohlige« Krankenlager eben auch nicht, und keine gemütliche Rehabilitationszeit, zu der die Lektüre-Rehabilitation so gut passen würde.

Nein, dieser Wehmuts- und Abwehrzustand gibt mir kein Rätsel auf, dieses stets doch nicht verwirklichte Spurensichern hängt mit der Angst vorm Verlust zusammen. Denn da ist ja jeweils eine alte Liebe in Gefahr. Und man selber mit! Als einen so geschützten Lieblingsautor habe ich Hermann Hesse – aber nicht den der späteren Romane – beibehalten, und war mit dieser instinktiven Treue im Recht. Gut, daß ein Anstoß von außen dem mutlosen Abwinken entgegengewirkt hat, und noch viel besser, daß ich vom Glück der erwachsenen Übereinstimmung mit dem kindlichen Gernhaben überrascht wurde.

Beim Roman »Unterm Rad« bin ich sofort, schon auf der ersten Seite, jedes Mißtrauen gegen Hesse und gegen meine Lese-Identifikation losgewesen. »Unterm Rad« erschien 1906 als Hesses zweiter Roman. Gleich war ich wieder sympathisierend vom Geist dieser Erzählabsicht angesteckt, vor jedem fiktionalen Erlebnis, und das bedeutet, daß mich gewiß auch beim früheren Lesen hauptsächlich Hesses Mentalität zum inneren JA stimuliert hat.

»Herr Joseph Giebenrath, Zwischenhändler und Agent, zeichnete sich durch keinerlei Vorzüge oder Eigenheiten vor seinen Mitbürgern aus. Er besaß gleich ihnen eine breite, gesunde Figur, eine leidliche kommerzielle Begabung, verbunden mit einer aufrichtigen, herzlichen Verehrung des Geldes, ferner ein kleines Wohnhaus mit Gärtchen, ein Familiengrab auf dem Friedhof, eine etwas aufgeklärte und fadenscheinig gewordene Kirchlichkeit, angemessenen Respekt vor Gott und der Obrigkeit und blinde Unterwürfigkeit gegen die ehernen Gebote der bürgerlichen Wohlanständigkeit. Er trank manchen Schoppen, war aber niemals betrunken.«

In sehr raffiniert trügerischer Friedfertigkeit beginnt Hesse seine traurige kurze Biographie des Schülers Hans Giebenrath mit diesem Portrait seines Vaters, eines selbstgerechten Opportunistenprototyps, einer zeitlosen Figur, auf die ich heute so wie damals reagieren kann. Mit Hesses Beistand sozusagen, von seiner Verachtung unterstützt. Aber erst heute weiß ich den Sprechton richtig zu würdigen, nämlich als Kunstgriff der ironischen Distanziertheit, und die geschickt vorgetäuschte Behäbigkeit erkenne ich als Trick. Nur eine Minorität bemerkt hier das Stilmittel und macht nicht kehrt vor der Falle, in die sie gelockt werden soll. Wer bei dieser Eingangspassage schon begriffen hat, daß der sogenannte redliche Bürger sich seiner Anklage entgegenlesen muß, der Angepaßte, vermeintlich Ordentliche und Brave, wird aber wohl dennoch ohne Groll und einfach Hermann Hesse vertrauend – seinem Ruf und freundlichen Klima – die Lektüre nicht abbrechen. Einem noch lebenden Schriftsteller verzeiht es sich offenbar viel schwerer, wenn er nicht auch ein bißchen für die Balance von sogenanntem Negativen und sogenanntem Positiven sorgt.

Damit hält Hesse sich überhaupt nicht auf, und wer denkt das denn heute ausgerechnet von ihm, der in so einen pauschalen

Gütigkeitsnebel gehüllt wird? Hinter gleichmäßig unaufge-
regter Tarnung ist seine Gesellschaftskritik oft geradezu als
eine tief pessimistische Gesellschaftsverzweiflung zu erkennen. Die trostlose Geschichte von der gescheiterten Lebens-
und Schulkarriere seines armen Hans reflektiert den despera-
ten Zustand gängigen gesellschaftlichen Hoffens. Dessen
Ziel ist, neudeutsch gesagt: leistungsorientiert. Und daß sich
eine neudeutsche Vokabel sofort einstellt, beweist Hesses
Überzeitlichkeit.

Geschildert wird allerdings eine altmodische Welt, verengt
zum Schwarzwaldkleinstadt-Areal mit dem Horizont bis
Stuttgart, Heilbronn, bis ins Kloster Maulbronn, eine der
Leidensstationen des gequälten Anti-Helden Hans. Eine
demnach übertragbare Welt, denn sie hat, nicht nur jetzt
beim zweiten Lesen, schon auf mich als Kind, am Ende der
Nazizeit so ungefähr, zumindest doch in ihren Figuren und in
ihrer Ideologie sehr zeitgenössisch gewirkt. Ich muß wohl
meine eigenen stumpfsinnigen Nazimitläuferlehrer in Hans
Giebenraths Peinigern wiedererkannt und Solidarität in der
Literatur gefunden haben. Ich nahm Hesses Roman als eine
hohn- und haßvolle Vergeltungsmaßnahme gegen das Unrecht an Kindern durch Erziehungsstümper – wie es diese
Experten überwiegend sind – höchst bereitwillig auf. Und
immer aber, etwa wohl gleichaltrig mit dem Protagonisten,
bin ich viel besser dran gewesen als er, ich, geschützt, von der
allergünstigsten Familienstruktur, aufsässig dem Naturell
nach, ich habe ihn bemitleidet und konnte nur dauernd froh
sein über seinen großen, nachträglich behütenden Freund,
über seinen Erfinder, Hermann Hesse, der schreibend den
Widerstandspart für ihn übernommen hatte. So habe ich
mich damals schon viel mehr mit der Haltung des Schriftstellers und mit seiner Person identifiziert als mit dem Helden:
eine Lese-Beziehung, die durch Kinder- oder Jugendbücher
eher nicht entsteht.

Dem sanftmütigen gutartigen Hans, dessen unrebellische
Anfälligkeit zum Opfer mich früher aufgeregt hat, schaue ich

als erwachsener Leser aber doch noch immer nicht nur wie einer Kunstfigur zu, sondern ich wünsche ihm das Beste, obwohl er doch zum Untergang determiniert ist. Unter den jährlich in der kleinen Stadt sehr knappen Vielversprechenden und Begabten ist es, zum Zeitpunkt seines Schulabschlusses, dieser zartgebaute, passive, halbverwaiste Hans, der, nicht befragt nach eigenen Wünschen, zum Strafvollzug einer Weiterbildung auf Staatskosten ausersehen wird: die gesamte egoistisch-phantasielose Erwachsenenumwelt will es so. Man meint, wenn nach der Peinigung durch das »Landesexamen«, die Lerntortur im Stift beginnt, diese Art Stoff zu kennen, Internatsthematik, Schülerleidensjahre, und hat sich doch getäuscht. Denn wieder benutzt Hesse den Untertreibungskniff, führt, Scheineinverständnis simulierend, in die Irre, indem er die Erziehungsmisere eigentlich nicht kommentiert. Gerade diese Schleichwege, Umwege machen den Reiz der Erzählung aus. Der meistens behutsame Sprechton von einem, dem, wie es scheint, immer das Friedliche, Schöne, Glückliche am Herzen liegt, er verschärft den Kontrast zum Schrecklichen. Und das Schreckliche, es geschieht mit Hans, selbst in dessen besseren Momenten, oder dann erst recht, weil wir jeweils die Grenzen schon eng um so einen jeweils GÜNSTIGEN AUGENBLICK gezogen sehen, weil wir die straffe Fessel um Geist und Seele und Körper des bejammernswerten Hans unablässig spüren. Eine Freundschaft im Internat, zart und ein bißchen homoerotisch, von den heterosexuellen Vorgefühlen angstmachend durchsetzt, bringt Gefühl und Schmerz, bringt wenigstens, auch bei Schmerz, wahre selbständige Emotion in diese von außen bestimmte und lediglich dienende Existenz. Winzig ist die Liebesgeschichte mit einem unzuverlässigen Mädchen aus Heilbronn. Stets ahnen wir, lesend, im voraus, daß der still vor sich hin verlierende Hans auch durch diese Lebensbeigabe erster Gefühle nur weiter fortgetrieben wird auf seinem furchtbar abschüssigen Daseinsgelände, auf diesem Weg, der steil bergauf in die angeblich besseren und verherrlichten

Regionen von »Katheder oder Kanzel« geplant war und bergab führt – doch wider traditionelle Erzählübereinkünfte eben nicht auch STEIL bergab, sondern gemäßigt, mit Pseudopausen der Beruhigungen, der mittleren Hoffnungen.

Auch diese Retardierungen, so kann ich heute befinden, weisen Hesse als einen kalkulierenden, herkömmliche Erwartungen nicht artig einlösenden Künstler aus. (Übrigens schaue ich jetzt erst in der alten Ausgabe aus dem S. Fischer Verlag, einem Pappband mit vergilbtem Papier, nach der Jahreszahl und finde nur eine, im Datum einer Tintenschriftwidmung meiner Großmutter, 1922, 11. Juli, aber schon da war »Unterm Rad« in der 109.–118. Auflage.)

Internatserlebnisse! Hans ist, auf eine spezielle Beschreibungsweise, hier gar keine heutige Romanfigur, so wenig wie seine Klostermitschüler in unsere Gegenwart passen würden, denn die themenimmanenten Obszönitäten, denen man inzwischen nur noch wie alten, reichlich lästigen Bekannten zuwinkt, diese ganzen INTERNEN Knabensauereien fehlen in Hesses Schilderung völlig. Dieser Mangel an indiskretionssüchtiger Absicht, die Schrecken einer Art von kindlich-jugendlicher Haftzeit hervorzuheben, bringt aber nur wieder den Gewinn: in diesem ritualhaften Klosterablauf wäre ja fast noch die Pein einiger Gemeinschaftsexzesse als willkommene Abwechslung erschienen. Daß davon nicht die Rede ist, weil Hesse den Roman noch jenseits der Enthüllungsschwelle schrieb, welche die zeitgenössische Prosa mittlerweile genommen hat, wirkt sich also wie eine zusätzliche Lebenslähmung aus, von rückwärts betrachtet, und keineswegs als mehr Lieblichkeit, Beschönigung.

Falsche Idyllen, wohin man blickt! Nur in der Landschaft stehen Hügel, Fluß, Fichten zeichenhaft für solche Wunschziele wie Freundschaftlichkeit, Ruhe, Trost, Erlösung. Dem Hans aber wird, mit der eigenen Kindheit und Jugend, auch diese Busch- und Tal-Kulisse verboten. Der Hans muß sich, ratlos heimwehkrank, dem Alter nach mitten in der eigenen

Kindheit, in diese eigene Kindheit hineinsehen, während sein Kopfweh – menetekelartig seit Beginn der Erzählung zunehmend – ihn bedrückt und von den Erwachsenen nicht als Hinweis verstanden wird, während seine physische Schwäche zunimmt, während sein Lernen halluzinatorisch wird und er im Stift nicht mehr mithalten kann, während er in Trancebetrübnissen sich selber verlorengeht, identitätslos nicht nur von den anderen nicht geliebt wird, sondern auch, ein Endstadium der Seele, sich selber nicht mehr zu lieben vermag. Wie Werther könnte er » Wenn wir uns selbst fehlen, fehlt uns doch alles« empfinden. KÖNNTE er so etwas Selbständiges überhaupt empfinden, so viel waghalsiges Wertschätzen der eigenen Person! Er hat nie sich selber für wichtig halten dürfen, er mußte nur immer erst wichtig werden: als Instrument, als jemand, der funktioniert, damit er eines von außen kommenden Stolzes würdig sei.

Hesses Prosa ist nicht satirisch, und so bleibt auch der tiefschwarze Humor verhalten unbissig, den ich im nachgereichten Respektaufwand für Hans erblicke: nach einer Phase der Nichtbeachtung, die den zum Schlosserlehrling heruntergekommenen ehemaligen Stiftstipendiaten beleidigt, wird dem Hans doch wieder »Achtung«, Aufmerksamkeit entgegengebracht. Dem toten Hans. Selbstmord oder Unfall – die Erzählung verrät es nicht. Hans ist im Fluß, an seinem Kindheitslieblingsplatz, nach seinem ersten Anpassungsversuch beim sonntäglichen Saufgelage, ertrunken. Nun erhält er seinen ja von jeher höchst traurigen Status eines Besonderen zurück, allerdings auf die traurigste Weise. Ein Superlativ, mit dem Hesse genau so verfährt wie mit seinem Erzählungsanfang: fast tückisch-listig, vorsichtig, beschaulich, wodurch sich, wie jeweils im Text, die absolute Depression paralysierend über den Stoff breitet. Von den verlegenen, erkenntnisfeindlichen, schwächlichen, verharmlosenden Reaktionen auf diesen biographischen Not-Fall Hans Giebenrath her definiert sich noch einmal, angesichts dieses Todes, das gesamte Existenzpech, aus dem kein Entrinnen

war. Der Tod, der ein Mord ist, durch allmähliche Vergif-
tung.

Oh, der sehr wenig optimistische Hermann Hesse, wie er
mir fehlt, an diesem Tag mit einer öffentlichen Lesung und
sogenannter Diskussion, wenn wieder die Sehnsüchte der
Literaturkonsumenten, abzielend auf die Daseinsrezepte,
auszustellen vom Autor, wie alte Rechte der Lesenden
postuliert werden! Die Hesse-Verehrermassen, die Gefolg-
schaft der jungen Leser, die kann ich allerdings gut verstehen.
Hesses tiefe Menschenskepsis, seine Verachtung für die
Unmoral der seelischen Trägheiten, für die als Tüchtigkeit
heuchlerisch maskierte Erwerbs- und Erfolgssucht: sie sind
von der Wahrhaftigkeit gekennzeichnet und von der Empa-
thie, der solidarischen Geste, die den Komplizierten, den
Sensiblen und Einzelgängern, den vordergründig Schwäche-
ren gut tut.

Lebte Hesse jetzt und schriebe er gerade an einem Roman,
nach der »Unterm-Rad«-Methode, dann könnte ich mir sein
Sympathisieren mit einem ausgeflippten jungen Helden vorstellen. Oder nicht? Diejenigen, die sich den Leistungsleiden
und Wettbewerbsquälereien und Konkurrenzobsessionen
der mitläufermäßigen Etablierten verweigern, die besitzen ja
aber immerhin diese selbständige Kraft und sie flüchten, in
auch nichts Vielversprechendes, gewiß, aber immerhin, sie
können reagieren. Hans Giebenrath, sich selbst entfremdet
und verfolgt, ist lediglich psychosomatisch reaktiv.

Mich selber muß, als ich von »Unterm Rad« so früh und
mitten in das Durcheinander von sonstigem Lesestoff gemischt vereinnahmt war, die allgemein unbeliebte kritische,
die angeblich böse blickende Schreibart angezogen haben.
Die Verspottungstechnik, hier so still, so sacht, so pseudobe-
häbig, kann ich jetzt erst richtig schätzen. Aber in jeder
Lebenszeit bin ich auf Hesses Seite, wenn über die schrecklichen Resultate der traditionellen Stupidität verhandelt wird,
so wie in diesem heute wie damals, wie morgen, übermorgen
gültigen kleinen Roman, in dem ein ausnahmehafter Einzel-

gänger zu schwach ist für seine Isolation. In dem einer ausgerechnet von seinen eigenen Qualitäten bestraft wird, lebenslänglich, also zu lang – und viel zu kurz beim armen, arglosen Hans.

(1980)

Autobiographie als Material –
Berliner Akademierede

Die Absicht, autobiographisch – in einem sehr direkten Sinn – zu schreiben, die habe ich eigentlich, grundsätzlich, nie. Ich lese heute abend nur Gedichte, obwohl die insgesamt gesehen den kleinsten Bestandteil innerhalb dessen bilden, was ich geschrieben habe, schreibe. Gedichte entstehen zwischendurch, in den Phasen zwischen größeren Prosabüchern – aber auch das ist kein Rezept, auch das läßt sich nicht einfach von außen, von mir, über mich verhängen. Gelegenheitsgedichte könnte man sie nennen, weil der äußere Anlaß so viel kurzfristiger als beispielsweise bei einem Roman nach innengekehrt und für ergiebig gehalten wird. Nicht jeder natürlich. Ein ganz und gar unberechenbarer Zufall wirkt darin. Wovon man denken könnte, das sei Schreibstoff, das ist dann oft gar keiner, sondern etwas Unerwartetes. Unschreibbares hat plötzlich die größere Wirkung. Das ist alles wirklich schwer zu erklären, zu Ende zu erklären sowieso nicht, und es entzieht sich der Vorsätzlichkeit. Ich gehe also nicht mit dem Schreibstift an eine Gelegenheit heran, damit ein Gelegenheitsgedicht daraus werde. Aber sicher am unmittelbarsten ist der persönliche Eindruck im Gedicht (bei mir) dann ein Ausdruck.

Was die Prosa angeht, so habe ich bei einem Buch wirklich mal Autobiographisches vorgehabt. Beim kleinen Roman AUSFLUG MIT DER MUTTER, da war mein Schreibvorsatz determiniert vom ausdrücklichen Wunsch, autobiographisches Material, vorher wirr und belastend, in eine Kunstform zu bringen. Wobei ja klar war, und mit KUNSTFORM ist es gesagt, daß doch auch eine Verwandlung, eine Formalisierung, wahrscheinlich wichtiger war als das pure Notieren. Das bloß Persönliche kann selbst mich persönlich eigentlich nicht mehr interessieren, irgendwann später nach der Niederschrift, es sei denn, ich nutzte es als Ausgangsmaterial oder nähme es mit in eine Psychoanalyse-Stunde. Es muß jeweils überpersönlich werden. Und unabweislich gerate ich beim Schreiben von mir selber weg, ich entferne mich vom Originalstoff, und so war es auch beim geplanten Portrait meiner Mutter als Witwe. Im streng autobiographischen Sinn könnte man an sehr vielen Stellen SO WAR ES ABER NICHT sagen.

Wenn ich diese Erfahrungen mit mir von seither für zukunftsträchtig halte, sehe ich mich niemals einen richtig memoirenhaften Roman schreiben. Das gewissenhafte Abschildern dessen, was war, ist mir langweilig, und damit bliebe das Hauptsächliche für mich sowieso unerledigt.

Selbst im Gedicht, wo ich beim Ich-Sagen rückhaltloser mich meine, übertreibe ich, komme von mir selbst ab und weg und weiter. Über die jeweilige Grunderfahrung hinaus. Ich mache schärfer, deutlicher, bezichtigender – also, insgesamt, es wird etwas verändert, das bloße Wirklichkeitszubehör erweist sich als unzulänglich. Es muß – da ich jemand bin, der durch das Schreiben etwas mitteilen will – etwas, das vorher nicht da war, aus dem Text hervorgehen, durch ihn aus sich heraustreten, in Erscheinung kommen. Die Wirklichkeit muß ihre Belanglosigkeit verlieren, ihre Verwechselbarkeit, Austauschbarkeit. Es geht mir alles in allem so wie dem Regisseur Martin Scorsese, der das wirkliche New York im Grunde langweilig, das künstliche, das Film-New York faszinierend und interessant findet, und New York kann hier für alles andere stehen, auch für seelischen Stoff, für Befindlichkeit.

Ziemlich autobiographisch, aber doch sehr künstlich auswählend, wie man leicht feststellen wird, war ich beim Gedicht ICH WEISS DAS AUCH NICHT BESSER. Es steht in meinem 1. Gedichtband, SO IST DIE LAGE, er erschien erst 1974, nach beinahe 20 Prosajahren ein 1. Band mit Gedichten, vorher hatte ich Gedichte nur da und dort sehr rar veröffentlicht . . .

Bei dem Gedicht aus GRUND ZUR AUFREGUNG, 1977, INWIEFERN ICH MEINER ZEIT VORAUS BIN, ist das Urteil GANZ SO ISTS NATÜRLICH NICHT GEWESEN wirklich leicht, die Übertreibung fällt auf, macht aber klar, welcher innere Unruhegrad hier benannt werden soll. Die Ungeduld.

Weglassen, Hinzufügen bestimmen den Schreibprozeß, machen den Reiz aus, den über die Reportagehaftigkeit hinausragenden Reiz. So ein Reiz müßte vom Schriftsteller fast ja verlangt werden . . .

Zwei ganz autobiographische Themen, zwei Brüder. Das erste: mein Bruder nach einem Autounfall, gerettet.

Das zweite: mein anderer jüngerer Bruder in einer psychiatrischen Klinik und mein Besuch bei ihm.

Alles war anders und war doch, in der Spiegelung, ganz so.

(1980)

Über Sylvia Plath

Als ich 1963 den Roman *Die Glasglocke* las, habe ich gleich eine summarische Sympathie für Sylvia Plath empfunden. Es ergab sich eine Art Klima der Zustimmung, beruflich und auch fast richtig privat, und diese Anziehungskraft hat sich nie abgeschwächt. Die wünschenswerte Täuschung, Sylvia Plath sei gegenwärtig, ist mir leicht gefallen. Obwohl doch – wie erschwerend, wie belastend – diese Schriftstellerin so unfreiwillig freiwillig nicht mehr lebte wie alle diejenigen, denen nur mehr der Selbstmord als negative Hoffnung möglich ist. Dennoch: ich habe das immerzu *auch* gewußt und trotzdem Sylvia Plath, gefährtinnenartig, ganz in der Nähe gespürt. Nicht nur zusätzlich zum Einvernehmen mit ihr als der Schriftstellerin blieb diese Anwesenheit, wie die versteckte Wahrheit inmitten eines Irrtums. Ich denke stets deshalb auch beispielsweise: Sylvia Plath wäre jetzt so alt wie ich und sicher mehr Konkurrenz als die kontinentalen und übrigen Kollegen, die es, im Unterschied zu ihr, wie ich machen und also dieses Dasein absolvieren, auch Buch für Buch, abwickeln, fortsetzen, dieses Programm. Konkurrenz? Wäre die denn angenehm? Ja, denn sie hätte etwas Verwandtschaftliches, denke ich, fast dann ganz Wohliges. Sie hätte sich aus einer Ähnlichkeit des Blicks ergeben, der auf die Welt, auf unseren Schreibstoff, fällt. Es könnte sich zwischen uns eine Übereinstimmungsgenugtuung herangebildet haben. Und ich stelle mir, weiterspielend, als gegeben vor, daß ich, fern von Wettbewerbsschreibkämpfen, kein Buch von Sylvia Plath versäumen würde, lebte sie noch, schriebe sie noch.

Spekulationen! Laß das, könnte ich mich wirklich ermahnen, wäre da nicht der überwirkliche Eindruck von einer Fortbewegung *gegen* den Tatbestand von Stillstand. Dieser Überlebenseindruck. Er ist unabweislich, wenn ich mit Sylvia Plath auf diese Weise konferiere, bei der Lektüre von Roman und Gedichten, die ich wiederholt habe, bevor ich mich an die Postmassen für die Mutter Sylvias machte, an dieses melancholisierende Dokument einer übereifrig zärtlich-beteuerungssüchtigen Familienliebe, die *Letters Home*, private *Gesammelte Werke*.

Das öffentliche, das fiktionale Werk ist nicht so umfangreich geworden. Paradoxerweise ist es ausgerechnet deshalb unvollendet geblieben, weil Sylvia Plath so vollendungsversessen gewesen ist. Im bloß erdschwer-angebundenen Weiterleben hat diese glücksunselige, dauernd auf Absolutes hinauswollende Frau nur noch vergebliche Überanstrengung erkennen können. Ihr Selbstmord hört trotzdem nicht auf – vielleicht gerade weil die Kausalitäten sich beim Interpretationsbedürfnis nur so anbiedern – ein dunkles, nicht zu Ende erklärbares, zusammenhangloses Material zu bleiben. Er sperrt sich gegen die vordergründigen Schuldzuweisungen und erst recht gegen feierliche Todestriebbehauptungen und macht ganz einfach weiter ratlos und traurig. Froher stimmt dann, daß jetzt wieder über Sylvia Plath geschrieben werden muß. Bücher wie dieses, und besonders die Wiederauflage von Roman und Gedichtband, korrigieren am Tod herum. Und ich finde schon, daß sie ihn widerlegen, nach der Unsterblichkeitsmethode, die nur die Kunst anwenden kann. Daraufhin denke ich jetzt doch schon wieder hypothetisch: hätte nur Sylvia Plath auf diesen Trick gegen das stümperhafte zeitgenössische Existieren mit seinen ganzen törichten und vergänglichen Fehlurteilen einen hellseherischen befreienden Blick werfen können! Ich denke auch wieder an Sylvia Plaths Verzweiflung über so viel entwürdigende Gegenwartsvergeblichkeit. Wie schlimm, daß niemals jemand für sie da war, der ihr *Nun beruhige dich doch* gesagt hat und: *Laß doch diese ganzen Kritiker und Creative-Writing-Leute unbeachtet an dir vorbeiziehen.* Und: *Die wahre Antwort wird sowieso erst von der Nach-*

welt gegeben. Wir geben sie jetzt und sie klingt so günstig für Sylvia Plath.

Denn wie individuell, nicht nachgemacht trotz großen Lerneifers hört das Sprechen dieser Schriftstellerin sich bleibend an, in der zügig ironischen Prosa, und, so andersartig wie von einer anderen Person, bilderreich ernst verschlüsselt in den Gedichten. Das dringt aus dem Vielerlei der sonstigen Publikationen heraus, und mit dem Prädikat *Angelsächsisch* ist schon einiges vom spezifischen Reiz benannt. Mit dem man sich im Deutschen übrigens nicht gut auskennt. Bei uns wird manches für bloß *flott* und nicht so tiefgründig gehalten, was dort durch ein Gemisch von distanziert-konkreter Alltagstragikomik scheinbar leichthin das Bedürfnis nach dem Lieben Gott mit dem Glück über eine *Gardenparty* zum Unterhaltungswert kombinieren kann. Die Sandwiches und das Transzendente: sie assoziieren. In dieser Erzähltonfrequenz hört ein eher germanisches Ohr entweder nicht so gern zu oder schlecht mit. Sylvia Plath unterdrückt einen satirischen Ingrimm nicht einer idyllischen Szenenanweisung zuliebe, mischt vielmehr beide Aspekte, und ihr Spott bei genauer Wahrnehmung läßt sich von der sanftmütig-sehnsüchtigen Liebeserklärung an eine schöne Landschaftskulisse nicht verscheuchen. Diese literarische Hinterlassenschaft ist, obwohl so etwas ein *Debut* heißt, so versiert und so kunstfertig *fertig*, daß ihr kein nachsichtig hingeseufztes *Schade drum* und *Vielversprechend-Umsonst*-Achselzucken Unrecht tun kann. Sie bedarf keiner Mitleidigkeiten. Hier hat keine Anfängerin gleich nach dem Anfang aufgehört. Es ist gut, vorfreudig darauf zu warten, daß endlich jemand die vielen, ehrgeizig dem Ziel, bekannt, berühmt und vor allem: geliebt zu werden, entgegengeschriebenen Kurzgeschichten gesammelt herausgibt.

Im Bewußtsein von einem *Jahrhundert der Frau* hat Sylvia Plath nicht gelebt. Hätten ihr weibliche mitstreiterhafte Solidaritätsgesten genützt? Und sie vielleicht wenigstens ein bißchen rebellischer gemacht? Sie befolgte ja viel zu abhän-

gig, viel zu einwilligend das *American Way-* und *Glamour-*
Ideal. Fügsam und exaltiert in einer unbekömmlichen Mischung hielt sie sich an das menschenunfreundliche *be success-*
*ful-*Motto, und, in allen Wiederholungsfällen, ans genauso
oberflächliche, pfadfinderhaft aufmunternde *Try it again!*
Also sind die feministisch gesonnenen Frauen, die schnell
jede irgendwie fürs Unterdrückungsbeispiel sich bietende
Frauengelegenheit benutzen, ganz im Recht, wenn sie auch
Sylvia Plaths Daseinstragik abonnieren? Es wäre ihr besser
gegangen, beispielsweise in der Geborgenheit von Frauen-
gruppe, Frauenverlag, Frauenbuchladen und so weiter? Das
alles kann ich mir nicht vorstellen. Denn ihrem Naturell nach
und inständig hoffend, andere wären so liebesperfekt wie sie
selber, kniete sie vorm schnell abtrünnigen Lyriker-Ehe-
mann Ted Hughes in absichtlicher Aufopferung, und kein
emanzipatorischer Jahrhundertfunken hätte auch auf dem
nicht privaten Lebensareal ihre Haltung entkrampfen, auf-
richten können. Aber ein bißchen geht es mir wie den für
Frauen kämpferischen Frauen, beim Blick auf diese Sanfte,
die nur als Erfinderin ihrer autobiographisch imprägnierten,
kunstvoll dann aber vom eigenen Lebenskontext abgesetzten
Romanfigur so richtig kritisch rabiat werden konnte: gern
hätte ich sie für jeden Trotz und Widerstand mobilisiert. Sie
unabhängiger gemacht von läppischem Lob und dümmli-
chem Tadel. Sie aufgebracht: gegen Männer *und* gegen
Frauen, immer eben gegen alles Mitläuferhafte, zahm Angepaßte.
Zurück in die Realität mit mir! Wir waren nicht da, zu Sylvia
Plaths Lebzeiten, die Jahrhundert-Frauen und ich, und wir
blicken zurück auf diese für keinen katalogisierbare Frau, die
darauf angewiesen war, universal zu empfinden. Die sich
gegen die Gebrechlichkeiten aller menschlichen Beziehungen
nicht zu immunisieren vermochte und die sich, angesichts
der Bruchstücksdilettantismen von Gefühlen, überfordernde
Maßnahmen verordnete. Die rätselhaft verschlossene See-
lenkrankheit vom Sterben im Leben bedurfte nur eines fast

beliebigen Blicks auf die übliche Zuversichtslosigkeit, um dann, in einem doppelsinnig ganz und gar eingeschneiten Januarmoment, für immer auszubrechen: im Moment Selbstmord, in der Minute *Tod*.

(1980)

Schriftanblicke

Das Kind, das seine Kinderschrift loswerden will und das deshalb die geläufig aneinandergereihten Buchstaben seines älteren Bruders nachahmt, das Kind bin ich. Schreibstift und Papier sind mir bis heute nicht egal geworden, so wenig wie das äußere Erscheinungsbild eines Texts. Ich habe keine graphologischen Hintergedanken, aber aufschlußreich-verräterisch wirkt der Anblick einer Handschrift immer. Über meine eigene bin ich oft genug verstimmt. Geht es nur um Ästhetik? Gewiß nicht damals beim Kind. Das wünschte, in seiner Handschrift jemand Älteres, Geschickteres zu werden. Vergnügen hat es ihm auch gemacht. Ich vermute, nachträglich, worauf es beim Imitieren am meisten ankam, war das: das Kind wollte aus einer Belanglosigkeit heraustreten. Die gelenkige Schrift des Bruders vermittelte den Eindruck von Intelligenz, von Souveränität. Parallel zum Bestreben, die kühl-perfekt wirkende norddeutsche Sprechweise einer Schulfreundin zu kopieren und mir alles Weiche, Süddeutsche abzugewöhnen, ging es bei der bewußten Selbsterziehung zu einer ansehnlicheren Handschrift darum, weniger anfechtbar und schwach zu sein. Es galt, rasch in der eigenen Biographie vorwärtszukommen, und die kleinen Täuschungen nützten dabei.

Das Kind genießt sein Erwachsenenspiel als Ausprobieren, und diese wichtigen Studien fallen nur deshalb nicht als Arbeit auf und mißfallen nicht, weil sie selbstgestellt sind und freiwillig gemacht werden. Beim Erwachsenen glückt das Kindheitsspiel auch mit dem Trick Handschrift. Die Rückkehr zu Kinderbuchstaben erweckt und stillt zugleich ein schönes ungenaues Heimweh. Wir können uns jederzeit im engeren Familienkreis dorthin zurückversetzen, woraus wir damals strebten, in ein Kindergefühl, das uns jetzt erst so richtig im Gemüt bewegt, mit der Sehnsucht nach Wiederge-

winnung: wir schmuggeln ein paar Wörter in der Kinderschrift in einen Brief, geeignet für Textstellen, in denen wir
unsere wahren Empfindungen ja nicht fälschen, indem wir
sie nur sozusagen kleingehalten ausdrücken. Wir machen uns
schutzbedürftig ehrlich und doch auch zum Lachen, mit
diesen Nachbildungen aus einer wohlig-aurahaften Schon-
zeit, deren unbewußtes Glück sich auszahlen soll, zum
Beispiel in der »kleinen Münze« komischer, erinnerungsseli-
ger Sütterlinbuchstaben aus einem ersten Schuljahr und
wenn wir es mit ganz großer Liebe zu tun haben.
Und der Mann an seinem Schreibtisch in der Bibliothek, der
sich zwischen Bücherstapeln und aufgeschlagenen Bänden
nur wohlfühlen kann, der Mann, dessen Bücher durchs
ganze Haus wachsen und der nicht verreist ohne Bücher, das
ist mein Vater. Ich sehe ihn jetzt in einem vorabendlichen
Moment, und er hat keine besondere Lust, sich auf eine
Advents- oder Osterandacht vorzubereiten, aber weil er so
viele Bibeln zur Auswahl hat, könnte er immer doch einen
zumindest bibliophilen Gefallen, eine Einstiegshilfe für die
Arbeit finden. So stelle ich es mir vor. Von den unterschiedlichen Typographien gingen ganz spezifische Stimmungen
aus. In jeder Bibel steht dasselbe! Aber es schien gar nicht so,
oder es kam auf etwas anderes an. Mein Vater hat auch auf die
theologische Abteilung seiner Bibliothek seine allgemeine
Bücherpassioniertheit ausgedehnt.
Und diese Reisende, die vom Ausland zurückkehrt und sich
eigentlich wie immer auch wieder darauf freut, zu Haus zu
sein, die dennoch gleich auf die ersten optischen Eindrücke
ergrimmt reagiert, die bin ich, und was ich da nicht zur
Freude gesehen habe, das sind die Schrifttypen einheimischer
Reklame. Alle Buchstabengebilde in Holland oder Belgien
oder Italien, den USA – wo nicht? – haben mir viel besser
gefallen, und neulich habe ich die Augsburger darum benei-
det, daß sie offenbar von schweizerischen Werbedesignern
versorgt werden: die Geschäftsreklame sah wie die von
Zürich oder Basel aus.

Und wieder bin ich es, die selber für gar nicht wenige Bücher verantwortlich ist, und die allmählich erkennt, daß sie nie ein Buch veröffentlichen wird, das in ihrer Lieblingsdrucktype, Antiqua, auch groß genug und schön gegliedert gedruckt ist. Für jemanden, der bis in seine Küchengewürze hinein von Schriftanblicken beeinflußt bleibt und über dessen Vorlieben bei verschiedenen Markenprodukten Buchstabenformen entscheiden helfen, eine fast schon betrübliche Berufserkenntnis.

(1983)

Der doppelte Vater

Mein Goethe fängt mit einer großen schönen kühnen Behauptung an: »Der du von dem Himmel bist ...«, und es tut mir gut, die ruhige Wucht der Anrede mitzuempfinden. Kein Widerspruch! Aber plötzlich bekomme ich Sehnsucht nach einer melancholisierenden Beimischung, und ich nehme *meinen* Schubert zu Hilfe und *meinen* Goethe in Liedform zu mir.

Der du von dem Himmel bist,
Alles Leid und Schmerzen stillest,
Den, der doppelt elend ist,
Doppelt mit Erquickung füllest,
Ach, ich bin des Treibens müde!
Was soll all der Schmerz und Lust?
Süßer Friede,
Komm, ach komm in meine Brust!

Ich bin unterwegs. Ich bin auf einer meiner Lese-Dienstreisen und zu früh am Bahnsteig, für die Weiterfahrt nicht gut genug gestimmt, nicht ausgeschlafen, meiner Umgebung nicht wirklich und nicht selbstverständlich zugehörig. Zu viele Augenblicke auf dieser Strecke empfinde ich als nur leer zermürbend, als unverankert. Doch es ist ja immer auch und wo ich bin eine Strecke durch meine eigene Lebenszeit, also geht es um jede Minute! Ich spüre, daß in einer unwichtigen Überanstrengung Zeit vergeht, und wenn sie auf solche Weise vergeht, dann wird sie vergeudet. Ungenutzte Momente! Ich kenne aber doch die Gegenmedizin. Ich habe doch die kleine Reiseapotheke mit dem Stoff fürs Bewußtsein bei mir. Im Innern sage ich auf: Goethe, wie meistens; jetzt das Gedicht »Eigentum«.

Ich weiß, daß mir nichts angehört
Als der Gedanke, der ungestört
Aus meiner Seele will fließen,
Und jeder günstige Augenblick,
Den mich ein liebendes Geschick
Von Grund aus läßt genießen.

Gewiß ist das da am Bahnsteig nicht von sich selbst aus ein
»günstiger Augenblick«. Er ist es nicht, solange ich ihn
nicht dazu mache. Doch ehe ich es auch nur versuche,
willkürlich und vernünftig, bändigt und mäßigt mich Goethes Text selbsttätig, Wort für Wort, als Poesie und Mitteilung, mildernd, erhellend. So soll es sein, denke ich, mit
der Dichtung, die nie den Verstand allein beschäftigt, sondern die hier von Goethe ohne Scheu zitierte Seele treffen
möchte.
Weiter, nur weiter höre ich es dennoch bald schon wieder in
mir antreiben. Wie unklug ist der Wunsch, hamsterartig
kopflos durch die Stunden zu kommen, ich weiß es ja. Das ist
eine selbstgemachte Verwundung. Ich beschädige eine autobiographische Gelegenheit. So unscheinbar sie auch sein
mag: sie zu versäumen muß Undank sein, Gedankenlosigkeit. Ich brauche einen Ausweg, Landgewinnung, Rückkehr. Ich finde sie immer, die vorübergehende Lösung, die
Höchstdosis für die Seele, durch welche die Seele überhaupt
erst wieder tätig wird, und ich benutze im inneren Repertoire
die Kombination Goethe-Lyrik und Schubert-Musik, ganz
wie vorhin und mit dem gleichen Vertrauen.

Wer sich der Einsamkeit ergibt,
Ach! der ist bald allein;
Ein jeder lebt, ein jeder liebt,
Und läßt ihn seiner Pein.

Ja! laßt mich meiner Qual!
Und kann ich nur einmal

Recht einsam sein,
Dann bin ich nicht allein.

Es schleicht ein Liebender lauschend sacht,
Ob seine Freundin allein?
So überschleicht bei Tag und Nacht
Mich Einsamen die Pein,
Mich Einsamen die Qual.
Ach, werd ich erst einmal
Einsam im Grabe sein,
Da läßt sie mich allein!

Mein Goethe, so therapeutisch verwendet, dieser Goethe, er
wäre Goethe selber gar nicht recht. Ihm waren die unselb-
ständigeren Vertonungen der Zeitgenossen lieber, und Franz
Schubert hat er zurückgewiesen. Ich kann es verstehen.
Schuberts Genie läßt einfach nicht zu, daß Goethes Text
dominiert, und ein Gleichgewicht entsteht, eines ohne Rang-
ordnungen und Unterscheidungen. Ist also die Kongeniali-
tät auch ein bißchen gefährlich, bald dem Text, bald der
Musik?

Über allen Gipfeln
Ist Ruh,
In allen Wipfeln
Spürest du
Kaum einen Hauch;
Die Vögelein schweigen im Walde.
Warte nur, balde
Ruhest du auch.

Habe ich jetzt nicht vielleicht mehr auf die Melodie geachtet
als auf den großen poetischen Text? Kann ich beide Reaktionen voneinander trennen? Aber dieses Goethe-Gedicht habe
ich auf eine Weise gern, die mich nichts entbehren läßt, wenn
ich Schuberts Musik weglasse.

Über allen Gipfeln
Ist Ruh,
In allen Wipfeln
Spürest du
Kaum einen Hauch;
Die Vögelein schweigen im Walde.
Warte nur, balde
Ruhest du auch.

Nicht zu ergründen, wieso mir diese Todesverheißung keine
Angst macht, wieso ich traurig bleibe und sorglos werde. Es
muß mit der Wahrheit selber zu tun haben, daß ich zum
todesgewissen »Warte nur« und dem sicheren »Balde« so
unzaghaft »Ja« sagen kann. Nur in der vollkommenen und
äußersten Schmerzzufuhr kann ein Glücksgefühl als etwas
Abgerundetes erfahren werden, denke ich. Inmitten dieses
Schmerzes steckt so ein Glück, wahrhaftig.
An den Tod zu denken, hielt Goethe nicht erst 1824, nicht
erst mit 75 Jahren, für selbstverständlich – schließlich haben
wir »Die Leiden des jungen Werthers« gelesen – aber im
Gespräch mit Eckermann hört es sich, beneidenswert gelas-
sen-beruhigt, so an:
»Mich läßt dieser Gedanke (an den Tod) in völliger Ruhe,
denn ich habe die feste Überzeugung, daß unser Geist ein
Wesen ist ganz unzerstörbarer Natur; es ist ein fortwirken-
des von Ewigkeit zu Ewigkeit. Es ist der Sonne ähnlich, die
bloß unsern irdischen Augen unterzugehen scheint, die aber
eigentlich nie untergeht, sondern unaufhörlich fortleuch-
tet.«
Der Mangel an Beweiskraft macht mir hier, bei Goethe, gar
nichts aus. Naturwissenschaftlich gesehen mag Goethes Zuversicht naiv oder vage wirken, eine theologische Lösung
bietet er nicht, etwas Rezeptartiges auch nicht, und doch –
wieso erweckt dieser Befund so viel Vertrauen? Es geht
etwas ansteckend Zugkräftiges davon aus, und das stammt
vielleicht hauptsächlich von einer mutigen Entschlußkraft

ab, die das Verzagen für müßig erachtet. Goethe gibt mir hier eine Art von Prosa-Ergänzung zum friedenverströmenden Gedicht mit der Verheißung »Warte nur, warte nur . . . balde/ruhest du auch«. Man kann ja fast dazu lächeln, oder nicht, spürt Einverständnis, stimmt's? So würde ich gern mit einer geliebten Person sprechen, mit jemandem, der alt ist und sterben wird. Warum kann nicht einmal mit Goethes Beistand so zwischen Menschen geredet und hin- und herge-fragt werden? Gibt es das nicht auch, ab und zu wenigstens, eine Art Vorfreude, beim Annähern an den Tod? Ver-scheucht ist alle Panik, bitte, laß es für dich so sein, mach doch Gebrauch vom in der Welt Vorgedachten, nimm Zeile für Zeile.

Es macht mich immer wieder einmal etwas argwöhnisch gegen mich selber als Goethe-Lyrik-Verbraucher – das bin ich ganz im Sinn einer Nutzanwendung, Goethe hat das von Dichtung auch so gewollt –, macht mich argwöhnisch, daß mir der Kollaborateur Franz Schubert mit seinen Depres-sionszutaten so wichtig ist. Mein Vater, ein Goethe-Kenner, und auch eine Tante, die Musikerin ist, beide demnach keine naiven Kunstliebhaber, sie plädierten immer für den Goethe ohne Musikuntermalung.

Habe nun, ach! Philosophie,
Juristerei und Medizin
Und leider auch Theologie
Durchaus studiert, mit heißem Bemühn.
Da steh ich nun, ich armer Tor!
Und bin so klug als wie zuvor;
Heiße Magister, heiße Doktor gar,
Und ziehe schon an die zehen Jahr
Herauf, herab und quer und krumm
Meine Schüler an der Nase herum –
Und sehe, daß wir nichts wissen können!
Das will mir schier das Herz verbrennen.
Zwar bin ich gescheiter als alle die Laffen,

Doktoren, Magister, Schreiber und Pfaffen;
Mich plagen keine Skrupel noch Zweifel,
Fürchte mich weder vor Hölle noch Teufel –

Zurück in meine Kindheit, zurück zu meinem Vater: ich
glaube, den habe ich, als ich ganz klein war und um ihm
einen Spaß zu machen, mit Goethe selbst verwechselt. *Mein
Goethe:* das ist von allem Anfang an *Mein Vater,* ist also
Vaterprägung, und weil das ein so geliebter Vater war, ist
daraus für mich so viel Goethe geworden. Begünstigende
Umstände von jeher, und sie sind natürlich nie mehr weg-
zudenken, es gibt daher nie mehr meinen von solchem
Aufwachsen abgetrennten und sozusagen erwachsen ge-
wordenen, objektivierten, selbständigen Goethe – wahrscheinlich auch, weil ich das gar nicht will und nie angestrebt habe. *Mein* Goethe hat viel mit der Treue zur einmal
gefundenen Identität zu tun, mit lebenslänglicher Anhänglichkeit . . . In leider, aber unweigerlich ausbleichender
Handschrift meines Vaters, aus Briefstellen, auf Zetteln,
hängt täglich in meiner Schreibtischgegend viel Goethe um
mich herum, an Wände gepinnt. Ich möchte mich zurückversetzen! Ich spüre, wie jede einzelne Nachträglichkeit sich
lohnt. Goethe spricht von der Pflicht, etwas gegen das pur
Vergängliche zu setzen. Kein Lamentieren übers Vergebliche bringt weiter, bringt zurück. Also will ich mich nur zu
gern an das Unvergängliche machen.
Unter Familienscherzverulkung zitiert mein Vater Goethe-
Verse. Wir machen einen Spaziergang, wir sind im Wald, wir
sind am Strand, mein Vater weiß, daß wir nicht genau
zuhören und daß das dennoch keine Einbuße ist. Am liebsten
haben wir die Stellen, an denen er, auswendig, nicht recht
weiterkommt, und er freut sich sehr mit uns, muß ebenfalls
lachen. Stockt er manchmal mit Absicht? Sein Zitieren hat
überhaupt nichts von pädagogisierendem, langweilendem,
feierlichem Schrecken der Unterhaltungssperre für die Kinder, für die jungen Leute, für die allmählich älter werdenden

jungen Leute, seine Kinder, die wir bleiben, in seiner Gesellschaft. So ein Zitieren geschieht auf eine in den Alltag freundlich, aber auch überblickartig eingebaute Weise, auf Feriengängen und zwischen anderen Themen oder inspiriert von einem Naturanblick: da spricht mein Vater einen Goethe-Text und weiß dabei, wünscht wohl auch, daß er unterbrochen werden wird, denn wenn das so ist, dann geht es uns allen gut, und wenn wir lachen müssen, weil er mit einer Gedächtnislücke zu kämpfen hat, dann weiß er, daß niemand unter uns sich mit einem Kummer quält. Wir fallen ihm ins Wort, wir erfinden kleine Goethe-Deformationen, sakrilegisieren, das Meer rauscht, der Wolkenhimmel ist aller Achtung wert, ach: die Ingredienzen stimmen, »Wie an dem Tag/der dich der Welt verliehen«, der Vater wird schon recht haben, »Die Sonne stand zum Gruße der Planeten«, und Goethe hat recht, und irgendwann wird uns das Ganze schon nützen, denn einen solchen Goethe, Stelle für Stelle, so einen gar nicht unnahbaren, gar nicht entrückten Freund des Vaters, einen, über den man lachen konnte, im Einklang mit ihm und liebevoll und den Vater inclusive, den nimmt man ernst ein Leben lang, so ernst wie den Vater, so heitermachend ernst, und manchmal, wenn ich jetzt viel später vermute, etwas besser zuzuhören hätte uns gar nichts geschadet, falle ich meiner Selbstkritik ins Wort, denn ich fühle, beim Rückblick auf diese glücklichen Tage, daß alles ganz genau so richtig war. Ganz fehlerlos. Was jetzt nur allerdings manchmal fehlt, meiner Bestätigungssüchtigkeit, das ist der Vater, um es ihm zu sagen.

So einen unkonventionell benutzten Familien-Alltags-Spaziergangs-Goethe höre ich in meiner Erinnerung sogar als Kinderstimme: mein jüngster Bruder hat, noch in weiter Entfernung von jeglichem Textverständnis, einfach nur um uns Ältere zu verblüffen, heimlich die »Urworte orphisch« auswendig gelernt; als Graphik und auf Bütten gedruckt hingen sie in meinem Elternhaus, in die Tür zur Bibliothek genagelt.

Wie an dem Tag, der dich der Welt verliehen,
Die Sonne stand zum Gruße der Planeten,
Bist alsobald und fort und fort gediehen
Nach dem Gesetz, wonach du angetreten.
So mußt du sein, dir kannst du nicht entfliehen,
So sagten schon Sibyllen, so Propheten;
Und keine Zeit und keine Macht zerstückelt
Geprägte Form, die lebend sich entwickelt.

Sehr wichtig zu betonen, daß mein kleiner Bruder damals
nur dem Überraschungseffekt zuliebe die Qual des Auswen-
diglernens auf sich genommen hat, er war das Gegenteil von
streberhaft, und als Schulaufgabe hätte er den gleichen
Prozeß bis zur Verweigerung gehaßt.
Das Wort *Vaterland* sprach man in der Goethezeit noch
unbefangen aus. Die Nazivergangenheit hat Wort und Begriff in unserer deutschen Gegenwart alle Unschuld genommen. Ich benutze das Wort nie. Ich benutze auch das Gefühl
nie. Ich habe es nicht, nicht in der unbefrachteten traditionellen Weise. Neulich habe ich aber doch *Vaterland* gesagt. Als
Zitat, Goethe-Zitat, und trotzdem, trotz Goethe, durch den
mir so vieles leichter fällt, mit gemischten Gefühlen. Wir
waren im Verlauf eines Aussteigergesprächs – Thema: wo
läßt es sich eigentlich im Einverständnis mit der Außenwelt
leben, gibt es so ein Land, in das man unbedingt überwech-
seln sollte; weg streben wir ja, doch wohin denn nur? –, und
so waren wir, bald enttäuscht, bald grimmig, bald hoff-
nungsvoll, redend unter Freunden darauf gekommen, daß
vielleicht sogar eine Beunruhigung, die man Freunden mitteilen kann, besser sei als eine fast ja auch an keinem
Schauplatz denkbare Beruhigung, ungeteilt, ohne die
Freunde.
»Da wo wir lieben, ist Vaterland.«
Goethe münzte diese Zeile zwar auf seine Jugendfreunde am
Herrgottsberg im Darmstädter Wald, aber abschiednehmend. Er war im Begriff, den Platz, an dem er liebte,

Vaterland also in diesem seinem richtigen Sinn, zu verlassen, und empfand die Tragweite. Ich fand den Hinweis darauf nützlich für den Freund. Ich denke aber auch an Eingeübtes zwischen mir und Landschaft, an Gewohnheiten, die einen Asylcharakter haben, an ein System der Anblicke, wenn ich selber gegenüber meiner Seßhaftigkeit rebelliere, denn auch *Heimat* sagt sich für mich nicht leichthin unbefangen, nicht ohne die schändende Nazireminiszenz, trotz der Aufwertung von Wort und Begriff durch Ernst Bloch – und wenn ich unzufrieden bin, weg will, dann ziehe ich mich mit einem meiner Lieblingszitate aus Goethes Briefen an Charlotte von Stein zurück in die freundschaftliche Kulisse: »Die Sonne ist unter. Es ist eben die Gegend . . . so rein und ruhig und so uninteressant als eine große schöne Seele, wenn sie sich am wohlsten befindet . . .«

Es hat mich interessiert, wie man, wenn man sehr jung ist, sich zu Goethe verhält und ob man *seinen* Goethe überhaupt hat auch da, wo kein solcher Vater wie meiner vorbestimmend wirkte. Das Beantworten von Leserpost gehört zu meiner alltäglichen Arbeit. Ich dachte mir: jetzt laß doch sie mal für dich arbeiten. Beschäftige sie. Die jüngsten unter meinen Postverursachern haben mich am meisten interessiert. In alle meine Antwortschulden schleuste ich also jetzt die Aufforderung ein, völlig spontan, ohne Schreibehrgeiz, mir das subjektive und wichtigste Goethe-Signal zu schicken. Eine Lieblingsstelle, eine Meinung. Was Goethe bedeutet oder auch: wie wenig er bedeutet. Ich bekam sofort sehr viel Post zum Thema.

> Ach Gabriele, ich möchte gerne Deine Bitte erfüllen, doch ich glaube, daß meine Worte über Goethe doch immer einiges vermissen ließen, daß ich ihm eigentlich gar nicht gerecht werden kann . . .

Über meine Mithilfe beim Interpretieren einer meiner Kurzgeschichten sind die jetzt vielleicht 20jährige Bärbel und ich zusammengekommen: das ist meistens der Anfang einer langdauernden Korrespondenzbeziehung. Bei der Bärbel hat meine Mitwirkung zu einer Art Abhängigkeit geführt, für mich zu viel Verantwortung. Bärbel will immer das machen, was man *aussteigen* nennt; aber zur Zeit versorgt sie, angestellt von der Kirchenleitung, asoziale Kinder.

Mir gefallen Goethes Ratschläge, wie zum Beispiel: »Der Menschheit Würde ist in eure Hand gegeben! Bewahret sie! Sie sinkt mit euch! Mit euch wird sie sich heben.« Beim Namen Goethe denke ich aber auch mit gemischten Gefühlen an seinen Abschied von der Friederike und an seine Worte: »Hier war ich zum ersten mal schuldig; ich hatte das schönste Herz in seinem Tiefsten verwundet.« Ich weiß ja, daß Goethe sich mit seiner Art zu lieben und Lieben zu beenden bei vielen Frauen unbeliebt gemacht hat.

Eine Zeitlang konnte ich mich darüber richtig empören, daß er einem Menschen Leid zufügt, aus angeblicher Bestimmung, der persönlichen und schriftstellerischen Reife näherzukommen. Ich habe drei Lieblingsgedichte. Das sind mit Titel: »Eigentum«, »Gefunden« und »Vermächtnis«.

Es rührt mich natürlich, daß die Bärbel im folgenden meinen Vater meint: wie genau hat sie meine Bücher gelesen:

Doch im Zusammenhang mit Goethe werde ich auch immer an den Pfarrer denken müssen, der Goethe häufiger zitiert hat, als die Bibeltexte es ihm wert waren.

Ganz so ist es allerdings nicht gewesen; bei Goethe entfiel die Scheu vorm Aussprechen, die gegenüber Psalmen beispielsweise, entlang der Flutmarke am Strand in Feriengesellschaft, für meinen Vater selbstverständlich war.

Ingrid, drogenerfahren und viel pessimistischer als Bärbel, schreibt immer kurze Briefe, ab und zu auch kleine Prosastücke, die ganz knapp sind und kalt nur wirken: es kommt nicht oft zu so geschickter Aussparung von Gefühlen bei jungen Schreibern. Bezeichnend auch, daß Ingrid mich nicht wie die meisten andern gleich von Anfang an duzt.

Zu Goethe ist bei mir nicht viel Beziehung. Sehr gerne mag ich Hermann Hesse.

Aber zuvor hat sie mich mit ihrer Belesenheit verblüfft, denn dem kleinen Brief ist ein Zitat vorangestellt, Faust spricht zu Mephisto:

Allein bei meinem langen Bart
Fehlt mir die leichte Lebensart.
Es wird mir der Versuch nicht glücken;
Ich wüßte nie mich in die Welt zu schicken.
Vor andern fühl ich mich so klein;
Ich werde stets verlegen sein.

Eine junge Holländerin aus meinem Leser- und Brief-Kontaktkreis reagiert gelassen, das paßt zum speziellen Ton zwischen ihr und mir: sie hofft immer, mich zu provozieren:
   Beim Betrachten der Sekundärliteratur über Goethes »Über allen Gipfeln ist Ruh« ist mir das Lachen gekommen. Bis heute findet man wohl noch immer keine »Ruh«! Übrigens, Goethe selber hat ja gar nicht »bald« geruht, denn nach »Werther« ließ er immerhin auch »Eduard« und »Ottilie« in den »Wahlverwandtschaften« ihre »Ruh« nur in dem Tode finden, nicht? So, hoffentlich ist dir das originell genug, ich muß jetzt Kaffee kochen . . .
Weil ich dem Thomas aus Westfalen nie geglaubt habe, daß er wirklich erst 16 ist, hat er mir eines Tages eine Photokopie seines Taufscheins geschickt.
   Mein Goethe – wenn es den gibt. Obwohl ich fast genau so viel *über* wie *von* Goethe gelesen habe, kann ich mich dem Bild des 1) toten, 2) übermenschlichen und 3) dichterfürstlichen Goethe nicht anschließen. Goethe ist für mich ein großer Schriftsteller/Dichter, dessen ständig zitierte Zeilen wie »Über allen Gipfeln« und »Habe nun ach« mir nicht Sprichworte sind, sondern eine Dichtung, die ich nachempfinden kann und die mich, ganz unabgedroschen plötzlich, trifft. Gerade diese Zeilen (im Kontext) sind mir in vielen Situationen eingefallen, und wenn es dann auch kein literaturwissenschaftliches Niveau hat-

te, so hat es mir doch etwas gesagt, mir geholfen. Nur so ist ein Goethe lesbar. Er spielt für mich nicht *die* Sonderrolle (in welcher Richtung auch immer) – ich bewundere ihn sehr, ja, doch das tue ich bei andern Dichtern halt auch . . .

Von Gudrun, die nach einer Entziehungstherapie nicht weiß, was sie ohne »Mama's little helpers« machen soll, höre ich:

Mein Goethe? Mein Goethe ist schon ein bißchen alt. Er ist mir im letzten halben Jahr ein wenig verödet worden, in der Schule.

Gudrun ist, mit dieser Briefstelle, die einzige, die meinen Verdacht gegen den Deutschunterricht in der Schule erhärtet. Aber schließlich hat auch sie sich selbständig gemacht:

Denk ich an Goethe, denk ich an Werthers Leiden, ja, wo ich auch eine Menge Lieblingsstellen hab. Goethe ist für mich ein leidenschaftlich lebender-erlebender Mensch. Er sieht, hört nicht einfach nur, er empfindet, fühlt nach. Das zeigt sich doch in seinen Naturbeschreibungen. Er beschreibt nicht, er artikuliert seine Gefühle, die ihn mit dem Phänomen Natur verbinden. Mich hat es immer regelrecht mitgerissen, wenn ich diese wunderschönen Worte gelesen habe. Sein Enthusiasmus ist ansteckend, wie eine schöne melodische Musik . . . Durch Werthers Leiden bin ich übrigens zum Schreiben gekommen. Vor circa drei Jahren, als sich das mit meinem Suizid-Drogenkram immer mehr zuspitzte, las ich ihn ziemlich intensiv, ich lebte regelrecht mit ihm . . . »Ich könnte das beste glücklichste Leben führen, wenn ich nicht ein Tor wäre«, sagt Werther.

Ach, wer bringt die schönen Tage,
Jene Tage der ersten Liebe,
Ach, wer bringt nur eine Stunde
Jener holden Zeit zurück!

Einsam nähr ich meine Wunde,
Und mit stets erneuter Klage
Traur ich ums verlorne Glück.

Ach, wer bringt die schönen Tage,
Jene holde Zeit zurück!

Diese Briefe, sie haben mich gerührt – und gewundert. Denn von denselben Briefschreibern höre ich, wie anödend und spielverderberisch oft der Deutschunterricht sei, wie furchtbar einengend auf Leistung und Zensur gerichtet. Woher aber stammt dann so viel Bereitwilligkeit, und individuelle Lust? Die dem pauschalen Klagen über die sogenannte und angeblich ganz antriebslose, geistabgewandte Jugend widersprechen? Soll ich nur auf mich selber stolz sein und »das sind halt meine Leser« sagen?

Und was lesen denn Sie selber? Was lesen Sie am liebsten? Darf man fragen, wer Ihre Vorbilder sind?

Unter allen Fragen nach Lesungen, im Verlauf der sogenannten Diskussionen, habe ich diese da fast am wenigsten gern. Warum denn nur leide ich immer ein wenig unter dem Eindruck vom falschen Zungenschlag, von etwas zu viel Wuchtigkeit, wenn ich dann doch, aber nicht als den einzigen Dichter, Goethe nenne? Was steckt denn auch diesmal wieder in meinem Reisegepäck, verläßt es nie, mit der Reisezahnbürste und einer Erinnerungsduschhaube aus Salt Lake City und dem Neuen Testament (über das ich aber auch bei keiner öffentlichen Veranstaltung zu sprechen Lust habe) – es ist doch ganz gewiß Goethe, in irgendeiner Reise-Kurz-Not-Dringlichkeitsform, irgendsowas wie »Goethe erzählt sein Leben«, oder eine Briefausgabe, oder unter *Trost* oder sonstwie Zusammengefaßtes. Woher diese Befangenheit? Wieso fände ich es einfacher, Dostojewski zu sagen? Simenon? Kafka. Marcel Proust. James Joyce. Alle zu nennen. Doch

111

wenn ich Goethe weglieBe, dann hätte ich mich verstellt. Meine Identität nur bruchstückhaft und verlegen imitiert. Wir haben erst vor kurzem wieder am Meer, mein Mann und ich mit meiner Schwester und meinem Schwager, ein wenig väterliche Goethezeit, goethesche Vaterzeit nachgespielt, zu viert die größere Familiengruppierung von damals durch das Suchen von Erinnerungen ergänzend. Zärtliche, beschwörerische Proben, beim Zitieren, und in der Wiederholung fand die vergangene Gegenwart auf eine besondere Weise, nämlich liebend, wieder statt. Ich glaube, daß meine Nähe zu Goethe auch mit meiner Entfernung von Goethe zu tun hat, und daß mein Vater die Verbindung herstellt.

Im Atemholen sind zweierlei Gnaden:
Die Luft einziehen, sich ihrer entladen;
Jenes bedrängt, dieses erfrischt;
So wunderbar ist das Leben gemischt.
Du danke Gott, wenn er dich preßt,
Und dank ihm, wenn er dich wieder entläßt.

Auf seinen Vater kann man nicht gut eifersüchtig sein, aber das wäre am Beispiel *genießenkönnen* für mich tatsächlich angebracht, vorausgesetzt, aus dieser Eifersucht könnte ich ein Nacheifern machen. Ich bin sicher, meinem Vater gelang nicht nur das Goethe-Atemholen, ihm glückte auch das dazugehörende Gnadeempfinden: »Dank ihm, wenn er dich wieder entläßt.« Ich versuche mich nur in dem Gefühl. Meine Genußunfähigkeit empfinde ich als Unfertigkeit, als einen Reifedefekt, ganz töricht, und das wäre, von Goethe entfernt zu sein. In die Nähe rücke ich mich durch die väterliche Nähe. Und wieder ist mir diese Prothesenhaftigkeit ganz recht so.
Von meinem beruflichen Goethe-Verhältnis war also jetzt nicht viel die Rede, wozu auch. Ich denke, für mich und jeden einzelnen meiner Kollegen ist hier ein währschafter Neid angebracht. Niemand mehr wird so berühmt sein können

wie Goethe war und bleibt. Ein schwieriges Kapitel. Man
möchte den Kopf schön hoch oben tragen können. Nicht
kleinlaut werden, nicht zerknirscht und dann privat ver-
schwätzt herumjammern: ungoethehaft. Goethes Diskre-
tionsstolz, den ich aus Briefen und Gesprächen und anderen
Kontakten mit den Zeitgenossen spüre, er leuchtet mir
immer als die einzig wahre, einzig mögliche Gangart durchs
Dickicht sämtlicher Anhänglichkeiten und Ausfragereien
ein. Auch bei seiner Leugnung der Todesangst . . .
». . . dieser Gedanke (an den Tod) läßt mich in völliger
Ruhe . . .«
. . . auch da wird er ja ein bißchen gemogelt haben, meine ich
eben. Seine extremste Privatheit hat er gewiß keinem Zeugen
mitgeteilt, denn dafür war die Dichtung da. Die starke Ruhe-
Behauptung basiert, ich unterstelle das zu meinem eigenen
schadenfrohen Vergnügen – schadenfroh gegenüber den
Neugierigen –, auf einer Absicht, auf Entschlossenheit, und
kommt einer Forderung ans eigene Bewußtsein gleich. Wie
angenehm konträr verhält sich so ein Goethewort zum
modisch-üblichen Anvertrauens- und Selbstentblößungs-
triebleben unserer Zeiten: hier die strenge Grenze und der
Grenzpfahl *Verschwiegenheit,* da und heute die allseitige An-
faßbarkeit, das Verdikt gegen alles irgendwie verdächtig
Elitäre, unallgemeinverständliche Individualistische. In meinem Goethe-Taschenlexikon werde ich immer fündig, auf
jeder Seite, und jetzt auch unterm Stichwort *Indiskretion.*
»Es ist kein Unterschied zwischen Aufrichtigkeit, Vertrauen
und Indiskretion, vielmehr nur ein leiser Übergang vom
Unverfänglichsten zum Schädlichsten.«
Ich möchte meine mir so angenehme Familie nicht herzeigen
wie eine kleine verängstigte und vom Höheren – wie einem
Goethe-Über-Ich – zu stark eingeschüchterte Menschen-
gruppe, eine treue und etwas schrullige Vater-Gemeinde, die
in einem betagten bildungsbürgerlichen Sinn schon ganz
schön komisch geworden ist – aber vielleicht sind wir
wirklich nicht ohne einen gewissen Sinn auch fürs Tragiko-

mische zu verstehen. Das ist nämlich jetzt gerade wieder auf diese Höchstdosis-Weise, Schmerz- und Glückszufuhr in einem, *mein Goethe* gewesen, nach gemeinsamen Meeresferien, beim Abschied von meiner Schwester, *mein* Goethe, durch *ihren* Goethe, und beide vom Vater und von der Kindheit und allen darauffolgenden geprägten Jahren abstammend: meine Schwester hat mir ein winziges Goethebändchen heimlich hinterlassen, sie hat es mir gut und leicht zu finden versteckt, und ist auf diese Weise über die Abschiedsumarmung hinaus dageblieben. Und es ist für mich dieses kleine, ganz große Geschehen an sich, die Idee, noch viel mehr als das Bändchen selber: *Mein* Goethe. Dieser Einfall zählt mehr als jede der ungefähr hundert Zitatstellen. Ich weiß gar nicht, ob ich oft in dem Büchlein lesen werde. Aber ich werde es immer bei mir haben, das weiß ich. Im Geschenk meiner Schwester ist sozusagen jede vom Vater rotangestrichene Zeile ganz selbsttätig wirksam, und fest steht auch, daß es selbstverständlich schon *Goethe* sein mußte, bei dieser Liebesausübung und dringlichen Aktion in Sachen Unvergänglichkeit.

(1982)

Meine Gedichte

»Morgenglanz der Ewigkeit,/Licht vom unerschöpften Lichte,/schick uns diese Morgenzeit/deine Strahlen zu Gesichte/Und vertreib durch deine Macht/unsre Nacht.«

In meinem Gemüt bleibt die Wirkung dieses Kirchenlieds vom 1689 gestorbenen Christian Knorr von Rosenroth ohne die Melodie seines Zeitgenossen Johann Rudolf Uhle unvollständig. Manchmal höre ich mir im Innern zu: wie beim Singen. Es wundert mich ein bißchen, daß ich mit meinen lyrischen Favoriten und den Vertonungen nicht in Moll beginne, auf Moll gar nicht so einseitig angewiesen bin, und vielleicht ist dem unscheinbar gebliebenen Uhle etwas Schubertähnliches gelungen und er konnte einer Dur-Tonart die pur diesseitige Aufmunterungsfrische nehmen. Ermutigung geht durch die mir passende Melancholie aus, eine selbstanklägerische Resignation weckt Zuversicht, das ist auch mein gangbarer Weg durch »die dürre Lebensau« dorthin, »wo die Lust, die uns erhöht/nie vergeht«, und was auf den ersten Blick als doch recht bescheiden enttäuschen könnte, als ausschließlich gebückte Demutshaltung, Reue, Not, das erbittet doch ein äußerstes Ziel, ist in Wahrheit der höchste Anspruch. Sehnsuchtsvoll-zugkräftig formuliert sich das Wegstreben »aus dem Tränenfeld« – wohin? »In jene Welt« und zu »süßem Trost«. »Deiner Güte Morgentau«: worauf soll er denn fallen? Auf »unser matt Gewissen.« Als ich, in meiner Kindheit, Wortzusammenstellungen wie diese in kleinen Chören der evangelischen Krankenschwestern bei Andachten meines Vaters mitsang, der besten und niemals betrübt-zerknirschten Stimme, der meiner Mutter, am nächsten sitzend, wetteifernd mit ihr, als wolle ich, daß mein Vater mithören könne, da habe ich noch nicht gewußt, wie groß die Anziehungskraft von Strophen dieser Art auf mich gewesen sein muß – oder ist sie erst entstanden? Wodurch? Ist es die Selbstbezichtigungsmethode, nach der auch ich hoffe, es gebe eine übergeordnete Nachsicht mit dem, was Rosenroth als »unsre kalten Werke« bloßstellt, weshalb es so dringend ist, daß er gehört wird, der Vergewisserungszuruf, flehentlich: »Gib, daß . . . eh wir gar vergehn/recht aufstehn.«

25 Sendeminuten für MEIN Gedicht, das heißt für eine kleine Auswahl vom Repertoire, heißt Notproviant und Entscheidung im Fundus, und ich bekomme das Gefühl, ich müsse in ein Exil aufbrechen. Wenn ich bei mir zu Haus bin, macht mich der gewohnte Versorgungswohlstand entschlußschwach, und in der Umgebung des Büchervorrats gäbe ich die nicht ganz aufrichtigen Antworten. Ich lese gar nicht regelmäßig Gedichte. Also denke ich, jetzt unterwegs in der Bahn und in Hotelzimmern, die unentbehrlichsten Gedichte müßten wohl die sein, die mir aus dem Gedächtnis einfallen. Dieses Abteil hier, es ist jetzt die berühmte fiktive Verbannungsinsel, auf die es einen in der Phantasie verschlagen soll und für die es das existenzielle Gepäck zu packen gilt. Was habe ich denn diesmal sowieso in der Reisetasche? Ist überhaupt Lyrik dabei? Ist es der gewohnte, wie aus Aberglaube und Anhänglichkeit an eine Art von prinzipieller Identität kaum je veränderte Bodensatz, den MIT GOETHE UNTERWEGS, ein zwergenformatiges NEUES TESTAMENT und eine Sammlung von Tschechow-Erzählungen bilden? Und an den ich trotzdem vielleicht gar nicht rühren werde, weil ich wieder hoffe, mit dem Vorrat an Tageszeitungen werde ich von Morgen zu Morgen auskommen? Ich will die Zeitungen oft genug vergeblich interessant genug finden. Eine Gedichtzeile von mir selber stimme auf mich selber immer wieder: ICH WILL DIE ZEITUNG VON MORGEN LESEN. Vermutlich drücke ich mich vor größeren Gemütsbewegungen, ich lasse sie aber nicht zu Haus.

Ich bin auf einer Bahnreise, ich werde nur zwei Tage unterwegs sein, die Frage nach dem imaginären Inselaufenthalt bleibt wie eh und je gestellt und mit dem Notproviant bin ich wieder fahrlässig gewesen, doch wird wohl Verlaß sein auf das alte Grundmaterial im Gemüt, und am leichtesten fällt mir die Versorgung, wenn ich den Hilfsweg über Melodien benutze. Was singe ich denn sowieso in mir ab, während jetzt bei Stuttgart ein hochinteressantes Gewitter mich dazu verlockt, aus der langweiligen Zeitungsseite endlich Konsequenzen zu ziehen und die Gegend zu betrachten und nachzudenken? Was ist das für ein Kirchenlied? Es ist Paul Gerhardt, eine zweite oder dritte Strophe, es ist gar nicht mal ein Lieblingslied, weder der Text noch die Melodie versetzen mich in einen Empfindungsrausch, aber das suche ich nicht, wenn ich, eher unwillkürlich, mich bei diesen Ton- und Wörterabfolgen erwische: dann bin ich sicher den Zielen Mäßigung, Besänftigung hinterher: »Heut, als die dunklen Schatten/mich ganz umfangen hatten/bedecktest du mich Armen/o Vater, mit Erbarmen.«

Oft ereignet sich ein solcherart inwendiges Absingen gar nicht voll bewußt, beinah unwillkürlich vollzieht sich, vom gleichmäßigen Auf und Ab der Noten gezügelt und gezähmt, eine innere Rhythmisierung, ich bekämpfe Unrast und leeres Aufgeregtsein mit Liedzeilen und komme dabei ohne den Text aus. Wenn ich den Text aber mitwirken lasse, wird mir das Ganze sofort als Programmusik willkommen. Keiner, der sich nicht »dunkler Schatten« erinnerte. Also auch ich nicht, auch ich kann erfahren, was dann »Erbarmen« ist, und auf das Reizwort VATER reagiere ich sowieso auf meine private Weise. Niemand hätte eine Ahnung vom Glück, wenn er nicht im Umgang mit dem Unglück geübt wäre. Glück würde nicht empfunden, ohne das Unglück existierte es nicht. Gesangbuchslieder gefallen mir als Einübung in Geduld. Andere Leute machen autogenes Training. Ich lerne das bessere Atmen hierbei: »Du sprachst: ›Mein Kind, nun liege/kein Schrecken dich besiege;/schlaf wohl, laß dir nicht grauen/du sollst die Sonne schauen.‹« Merkwürdig, daß mich die Erwähnung der Sonne nicht stört, mich auf Regen versessene, niederschlagssehnsüchtige Person. Ich sehe einfach ein, daß Paul Gerhardt an dieser Stelle erstens vom Reimzwang getrieben war und zweitens die Sonne als Metapher für Erleuchtung, Klärung trüber Verworrenheiten gebraucht hat. In einem anderen Lied des Gesangbuchs für die Evangelische Landeskirche in Hessen 1935 steht auch im Kapitel MORGEN der Abteilung LIEDER FÜR BESONDERE ZEITEN, STÄNDE UND VERHÄLTNISSE und es wendet sich auch gegen die NACHT im übertragenen Sinn, ruft an den MORGENGLANZ DER EWIGKEIT, stammt aus der Feder des 1689 gestorbenen Christian Knorr von Rosenroth, und bittet um LICHT VOM UNERSCHÖPFTEN LICHTE, nach dem selbstverständlich auch eine Anhängerin der abendlichen Dämmerung und bewölkter Vormittage wie ich es bin verlangt.

Natürlich habe ich mein allergrundsätzlichstes Emigrationsgepäck nicht griffbereit. Ich mache den Test, jetzt denke ich sowieso an meine Mutter, an das nie wieder selbstverständliche Nützen beim Rollentausch, an das nie auf eine erwachsene Tochter im Umgang mit ihrer Mutter anzuwendende kleine Lieblingsgedicht hier, Bert Brecht, GLÜCKLICHER VORGANG: »Das Kind kommt gelaufen/Mutter, binde mir die Schürze!/Die Schürze wird gebunden.« Wie sehr wünschte ich – und weiß, daß ich selber mir den Wunsch nie erfüllen kann – ich könnte ein einziges Mal in einem Umkehrvorgang so ohne jeden Wörteraufwand und ohne allen Empfindungstumult eine ganz und gar einfache, ganz und gar lebenswichtige Bitte wie einen Vorgang behandeln, der erledigt wird. In Brechts winzigem Gedicht ist die ganze Kindheit untergebracht. Der Kinderimperativ und der Vollzug durch die Mutter spiegeln ein glückliches unschuldiges Stadium vor allen Pflicht- und Schuld- und Reue-Gefühlswirrnissen wider. Angenehmste Zeit der selbstverständlichen Ausübungen, ehe das Grübeln dazwischenfährt. Der Dank an die Mutter scheint nur zu fehlen, aber steckt er nicht in der ersten Zeile: »Das Kind kommt gelaufen . . .« Das Kind hat Vertrauen. Die Mutter, wenn sie großes Glück hat, weiß gar nicht, nicht ganz genau, wie groß ihr Glück ist: beim Zuschauen, wenn das Kind gelaufen kommt, beim Zuruf vom Kind, beim Schürzebinden. Und ich sehe sie, wie sie dem ebenfalls glücklichen Kind, das auch so glücklich ist, weil der wichtige Vorgang auch so nebensächlich ist, nachblickt. Das Brechtsche Kunststück kommt dieser Glücksart so nah, weil es sich als Protokoll gibt. Wie durch ein Kaleidoskop sehe ich auf die kleine Szene zwischen Mutter und Kind und Schürze, von Brecht stammt nur das Standbild, von dem er zuläßt, daß ich es in viele verschiedene Einstellungen und in wechselnde Abbildungen schüttle. Blick in die Vergangenheit, für jeden erwachsenen Leser, dem dann ein Heimweh wie etwas – mit der gleichen Selbstverständlichkeit – Niewiedergutzumachendes inwendig aufblendet. Vom Schmerz, der da entsteht, war scheinbar bei Brecht gar nicht die Rede. Den »glücklichen Vorgang« erkennen und ermessen wir ja aber erst dann bewußt, wenn wir ihn ebenso bewußt von unglücklichen oder auch nur scheiternden, ewig unvollkommenen und mißratenen Vorgängen unterschieden sehen, als abgetrennt von allem dem Üblichen, vom gewöhnlichen Unglück. Der Kindermoment schimmert heimatlich von früher hervor. Er hebt sich ab. Glück gibt es, weil es das Unglück gibt.

Mit dem Medizinischen Wörterbuch reise ich nicht, aber mit Tod und Leben, mit meiner alten Absicht, es müsse sich doch eines Tages ein Lexikon der ersten Anzeichen, eine Konkordanz der Symptome finden lassen, hängt es zusammen, daß ich in einem Seitenfach meines Terminkalenderchens das Gedicht DENK ES, O SEELE von Eduard Mörike bei mir habe, als vergilbten abgegriffenen Zeitungsausschnitt:

»Ein Tännlein grünet wo,
Wer weiß, im Walde,
Ein Rosenstrauch, wer sagt,
In welchem Garten?
Sie sind erlesen schon,
Denk es, o Seele,
Auf deinem Grab zu wurzeln
Und zu wachsen.

Zwei schwarze Rößlein weiden
Auf der Wiese,
Sie kehren heim zur Stadt
In muntern Sprüngen.
Sie werden schrittweis gehn
Mit deiner Leiche;
Vielleicht, vielleicht noch eh
An ihren Hufen
Das Eisen los wird,
Das ich blitzen sehe!«

Den autobiographischen ersten Augenblick zwischen diesem Gedicht und mir habe ich vergessen. Es ist wohl sowieso längst notwendig davon zu sprechen, wie wenig es der Inhalt einer Dichtung allein ist, der zu einer Gemütsbewegung verhilft. Szenen wie die bei Brecht und hier bei Mörike haben sich sozusagen in mir eingenistet. Gewiß, ich sehe diese Genrebilder jederzeit. Dies gelänge aber gar nicht, wenn ich nicht in einer Art äußerster Zufriedenheit den Kunstgriff zu schätzen wüßte. Das ist Verwunderung und Bewunderung in einem. Ich kann sicherlich längst nicht mehr ganz unberuflich lesen, muß also jedes literarische Kunstwerk auch vom Kollegenstandpunkt aus sehen. Das bedeutet fast dann auch, wie bei DENK ES, O SEELE, so etwas wie Eifersucht aufs einmal und wie für allemal gelungene Gedicht über die Angst vor dem Tod. Oder, statt Angst, denn Mörike ist mehr des Sterbens eingedenk als angstvoll: über diese Zeile des Paulus: HERR LEHRE UNS BEDENKEN DASS WIR STERBEN MÜSSEN AUF DASS WIR KLUG WERDEN. Das es »für allemal« gelungen sei, muß ich selbstverständlich beim täglichen Schreiben vergessen.

Vielleicht gehört es bei mir zum Wesen eines sogenannten Lieblingsgedichts, daß es früher ein Lieblingsgedicht war, in einem entscheidenden, in meine Laufbahn eingefügten Moment, und Anhänglichkeit bestimmt mich, wenn ich an dem Gedicht festhalte, die Zündung zwischen ihm und mir selber aber vergessen habe. Fast kommt mir seit einiger Zeit jeder Zugewinn wie Untreue vor. Wann denn bloß zum allerersten Mal sank mir WANDERERS NACHTLIED wohltätig, indem es schmerzbestätigend wirkte, ins Bewußtsein?

DER DU VON DEM HIMMEL BIST/ALLES LEID UND SCHMERZEN STILLEST/DEN, DER DOPPELT ELEND IST,/DOPPELT MIT ERQUICKUNG FÜLLEST,/ACH, ICH BIN DES TREIBENS MÜDE!/WAS SOLL ALL DER SCHMERZ UND LUST?/SÜSSER FRIEDE,/KOMM ACH KOMM IN MEINE BRUST.

Daß ich das unterwegs auswendig bei mir habe, nicht, wie bei AN DEN MOND zum Beispiel, Schuberts Musik beim inneren Vollgenuß zu Hilfe nehme, Goethe allein, und in keiner Minute der Vergewisserung jemals ohne Wirkstoff für mich, das beruhigt mich, wappnet mich für jedes denkbare Exil.

Wahrscheinlich suche ich ja immer, und nicht nur in der Dichtung, auch in Musik und Malerei, nach meinem eigenen Lebensgefühl, und es kommt zum schönen Vollzugsereignis, wenn ich es wiederfinde, von einem anderen und doch wie von mir selber: die Bestätigung, die Auflösung von verworrenen Verkehrtheiten in Übereinstimmung. Eine Einladung zum Aufatmen. Es muß in so beschaffenen Kunstwerken ein Schmerzbewußtsein sich mitteilen. Versessen bin ich darauf, daß unser menschliches Existieren als Schwebezustand zwischen Himmel und Erde betrachtet wird, oder, besser so: zwischen Erde als dem Platz, an dem wir jetzt sind, und dem Himmel, der als Sehnsucht überhaupt erst das Dichten, Malen, Komponieren erweckt. Vorweggenommene Abschiede wie bei Mörike, das Genughaben vom Auf und Ab im Leben wie bei Goethes nächtlichem Wanderer vermitteln mir die eigenen Gemütserfahrungen und erwirken einen kleinen besänftigenden Transport im Bewußtsein. Im Grunde singt John Lennon dasselbe, ich habe im Notversorgungsfach vom Kalenderchen ein paar Beatles-Liedtexte, und ich lese ». . . take a bad song, and make it better . . .« wie eine Antwort auf viel Befragtwerden danach, warum denn ein »trauriges« Gedicht nicht traurig mache.

Ich bin aber in meinen Vorlieben nicht ganz so einseitig für die Melancholien, wie es bis jetzt aussieht. Als vergilbten Papierschnipsel trage ich auch die ERMAHNUNG von Christian Hofmann von Hofmannswaldau mit mir herum: es kann sein, daß mir, von einem Kalenderblatt, mein Vater diesen Ausschnitt gemacht hat, oder nein: eine solche Bastelarbeit paßt noch besser zu meiner Mutter. Und da lese ich, ohne von zu viel Beherztheit erschreckt zu werden: »Ach, was wollt ihr trüben Sinnen/Doch beginnen!/Traurigkeit hebt keine Not;/Es verzehret nur die Herzen,/nicht die Schmerzen,/Und ist ärger als der Tod./Auf, o Seele! Du mußt lernen,/Ohne Sternen,/Wenn das Wetter tobt und bricht,/Wenn der Nächte schwarze Decken/Uns erschrecken,/Dir zu sein dein eigen Licht.« So viel ich weiß, ist das nur ein Teil des längeren Gedichts. Und auch AN SICH von Paul Flemming habe ich nur als Auszug bei mir, vielleicht sind das meine Lieblingsstellen? Vielleicht kann ich nur bei Barockdichtern auch von Ermunterungen Gebrauch machen, empfinde sie als Beistand beim täglich immer wieder zu wiederholenden Unternehmen des Aufraffens:

»Sey dennoch unverzagt. Gieb dennoch unverlohren./Weich keinem Gluecke nicht. Steh' hoeher als der Neid./Vergnuege dich an dir/und acht es fuer kein Leid/hat sich gleich wieder dich Glueck'/Ort und Zeit verschworen.« Meine Lieblingsstelle in der zweiten Strophe enthält diese Ratschläge – und fast muß ich an Brechts Bild vom selbstverständlichen Beistand denken – Flemming aber spricht von Erwachsenen: »Nim dein Verhaengnueß an. Laß' alles unbereut.« Dann aber gibt es Tage, an denen ist mir am allermeisten nach dem Kinderballadenlied vom Bucklicht-Männlein zumute, und ich liebe daran gerade, daß ich nie hinter das Geheimnis dieser kleinen Figur kommen kann. Lästig und liebenswert zugleich ist der rätselhafte und etwas unheimliche Störenfried, und nie weiß ich ganz genau, wer am gründlichsten bedauert werden muß: das Männlein oder das erzählende und vom Männlein auf Schritt und Tritt verfolgte Mädchen:

»Will ich in mein Gärtlein gehn,
will mein Zwiebeln gießen,
steht ein bucklicht Männlein da,
fängt als an zu niesen.

Will ich in mein Küchle gehn,
will mein Müsli kochen,
steht das bucklicht Männlein da,
hat den Topf zerbrochen.

Will ich in mein Keller gehn,
will mein Weinlein zapfen,
steht das bucklicht Männlein da,
tut mir'n Krug wegschnappen.

Will ich auf mein Boden gehn,
will mein Hölzlein holen,
steht das bucklicht Männlein da,
hat mir's halt gestohlen.

Geh ich in mein Kämmerlein,
will mein Bettlein machen,
steht das bucklicht Männlein da,
fängt als an zu lachen.

Wenn ich an mein Bänklein knie,
will ein bißchen beten,
steht das bucklicht Männlein da,
fängt gleich an zu reden:

Liebes Kind, ach ich bitt',
bet für's bucklicht Männlein mit!«

Wenn ich in Diskussionen mit Lesern Glück habe und
erklären soll, warum nach Prosatexten und Gedichten immer
Fragen übrig bleiben, dann fällt mir Walter Benjamins

Plädoyer gegen endgültige Antworten ein. Einem Gedicht, das ganz und gar verstanden werden kann, fehlt dem nicht zum Beispiel die eigene Zukunft, denke ich eben, während ich versuche, mich an mein Lieblingsgedicht des amerikanischen Lyrikers William Carlos Williams zu erinnern. Ehe mir der Text zur Verfügung steht, sehe ich die Szene, die er heraufbeschwört, und so genau wie die Einstellung in einem Film. Den Anfangssatz weiß ich immer sofort. Wie oft benutze ich dieses »So viel hängt ab von . . .« für mein eigenes Anschauungsmaterial bei Wegstrecken wie der gegenwärtigen, beim zufälligen Blick aus dem Zugfenster, und immer gelingt dann die winzige Metamorphose, ein Alltagsdetail aus einer fremden Biographie wird kurz und intensiv zu meinem eigenen, eine gemeinsame Lebensminute ergibt sich; beim Vorüberfahren an einem Schlafzimmerfenster mit ausgekippter Ladung Bettwäsche bin ich diese jüngere Hausfrau da – schon vorbei, neugierig und mit einem dringenden Wunsch an ihre Adresse gewesen.

»So viel hängt ab

von

einem roten Hand-

karren

glasiert vom Regen

naß

bei den weißen Hühnern. «

Wenn ich wieder zu Haus bin, will ich mir den Gedichtband des William Carlos Williams vornehmen, plane ich. Aber wird es dazu kommen? Zu Williams' Schnappschüssen aus sehr einfachen Sätzen fallen mir die Bilder des amerikanischen Malers Edward Hopper ein. Eine Tankstelle, eine Snack Bar, Landschaft, die Williams'schen Hausfrauen, Zustandsbeschreibungen, die Lakonie der puren Aussagen: lauter Momentaufnahmen, die über die fixierte Gegenwart hinausreichen und in die jeweilige Vorgeschichte eines Porträits Zukunftserwartung integrieren. Statisch wirkt das nur, eine verborgene Spannung lauert dem Leser, der ein Betrach-

ter ist, auf. Beruflich gesehen, imponiert mir Williams'
Entschlußkraft beim Verzichten auf seinen persönlichen
Kommentar. Was nicht alles versteht er, wegzulassen! Und
es der Phantasie dessen, den er zum Beobachten einlädt,
anzuvertrauen. Immer den »kleinen wahren Moment«, und
hiermit habe ich wieder mich selber zitiert, und es sind diese
Kunststückchen vom präzisen Gelingen, in solchen triftig-
richtigen Momenten, denen auch ich hinterher bin.

Mit Goethes Empfehlung übrigens, wie mir jetzt einfällt:
von ihm stammt das Schlüsselerlebnisgedicht »Eigentum«,
und ich kann es jederzeit auswendig, vielleicht, weil ich
versucht habe, es zu vertonen. Es war aber seine Botschaft,
vorgewußt, mir ohnehin so immanent wie es sein muß,
damit der Glücksgenuß entstehen kann, die ich zum richtigen
autobiographischen Zeitpunkt empfing: traurig damals,
noch ratlos traurig, über einen, wie es zunächst doch einseitig
erschien, verlorenen Vater, der gestorben war.

»Ich weiß, daß mir nichts angehört
Als der Gedanke, der ungestört
Aus meiner Seele will fließen,
Und jeder günstige Augenblick,
Den mich ein liebendes Geschick
Von Grund aus läßt genießen.«

»Die möglichste Masse von vernünftigen glücklichen Momenten« solle das Leben eines Menschen, und wieder heißt es
»eines vernünftigen Menschen« enthalten, notierte Goethe
auf seiner Italienischen Reise am 27. 10. 1787 – und meine
bundesrepublikanische Reise, im August 1982, steht unter
dem gleichen Motto, wie jede andere Reise auch . . . und wie
zu-Haus-Bleiben erst recht.

(1982)

Martin Luther

»Man lebt und weiß den Tod. Alles andere ist Beschäftigungstherapie.«

Mit dieser Diagnose von James Joyce sorge ich für eine innere Balance. Pessimistisch in einem hoffnungsleeren Sinn komme ich mir dabei gar nicht vor, im Gegenteil. Ich erkenne die maximale Voraussetzung, durch die ich ja erst angetrieben bin, mich zu demjenigen Beschäftigungsanteil an meinem Leben aufzuraffen, der todesbewußt und nicht mutlos auf die Möglichkeiten nach den Abschieden vom Vergänglichen setzt. Paulus, im Römerbrief, scheint aus der Joyceschen Feststellung die Konsequenz zu ziehen: »Denn sofern ihr nach dem Fleische lebt, geht ihr dem Sterben, sofern ihr aber durch den Geist den Betrieb des Leibes sterben laßt, dem Leben entgegen.«

Jede hiesige menschliche Möglichkeit ist vom Tod her definiert. Manchmal sind mein Verstand und meine Phantasie so schwunglos, daß ich den Wunsch zu glauben mir genügen lassen muß; daß ich die Sehnsucht, auf gar keinen Fall nicht zu glauben, mit dem Glauben selber verwechseln kann. Dann nützen schon einfach die Satzgefüge und die Wörter Wort für Wort, mit denen mir nur Martin Luther und kein anderer Bibelübersetzer die vorher grundsätzlich unanschauliche Göttlichkeit Gottes qualifiziert und inszeniert.

Zum Beispiel im dritten Kapitel des Römerbriefs steckt so ein Anti-Verweslichkeitsmittel, ich fühle mich untergebracht, wortwörtlich fühle ich zwischen mir und dem in Unendlichkeit aufgehobenen Diesseits die einzig mögliche Verbindung, eine geheime und geheimnisvolle Konferenzschaltung zu dem hin, was bei Paulus, bei Luther, »Kleinod« heißt; da steht: »Meine Brüder, ich schätze mich selbst noch nicht, daß ich's ergriffen habe. Eines aber sage ich: Ich vergesse, was da hinten ist, und strecke mich zu dem, das da vorne ist, und jage – nach dem vorgesteckten Ziel – nach dem Kleinod, welches vorhält die himmlische Berufung Gottes in Christo Jesu.«

Drei Bibeln liegen mittlerweile aufgeschlagen um mich herum, nun suche ich in der Zwergformatausgabe des Neuen Testaments nach wieder einer anderen Lieblingsstelle, nach mir selber in meinen Hotelzimmer-Erinnerungen, bei Stichproben in der Bibel: ich wohne in Zimmer Nummer 159 und schaue auf der Seite 159 nach, und so bin ich drauf aus, die bloß geschäftigen Überstunden nun aber vor dem Schlafengehen doch noch wettzumachen – womit eigentlich genau? Ich treffe auf die tief schwarz gedruckten Kernsätze, auf meine eigenen Kreuzchen und Striche, und finde meine vergangenen Gemütsbewegungen und sogar Schauplätze und doch immer noch nicht die Passage, nach der mir jetzt zumute ist, nach einer zornigen Ermahnung des Apostels Paulus; ich weiß jetzt nicht genau die Adressaten dieser bestimmten Epistel gegen »Schmausereien und Saufgelage«.

Früher hätte ich meinen Vater gefragt und für mich beschäftigt. Er wäre so bereitwillig und so zuverlässig an diese Ermittlungsarbeit gegangen und so schnell fündig geworden, daß er sie mir zuliebe ausgebaut hätte. Heutzutage prüft ein Freund für mich im griechischen Original nach, ob mit »Erfahrung« oder mit »Bewährung« Martin Luther dem Original näher kam, und gestern ging es mir auch nicht besser, als ich mich in der riesigen Luther-Bibel aus dem Jahr 1662 festlas, umgeben von der vielsagenden Stille in der Bibliothek meines Vaters.

Denn in der Bibel auf diese Weise zu lesen, nämlich fahndend, vor- und zurückblätternd, das bedeutet für mich immer, daß ich mich in ein geistiges Gebiet der extremsten Anziehungskraft versetzt fühle. Daß ich nachdrücklicher als bei jeder anderen Lektüre die Notwendigkeit empfinde, jetzt nicht aufzuhören, jetzt eine Erfahrung zu machen, weiterzulesen . . .

Es ist nur für mich selber und für mein Fortkommen im Bewußtsein an diesem Tag von Nutzen, daß ich nun auch noch Karl Barths »Römerbrief« zwischen den überall mit Hinweiszettelchen versorgten Bibeln aufgeschlagen habe, fast egal, an welcher Stelle aufgeschlagen. Die Bibeln, so bepflastert, sehen allmählich wie über die Toppen beflaggte Schiffe aus. ». . . ihm nachzujagen . . . dem vorgesteckten Ziel . . .« Das entspricht meinem leitmotivischen Gefühl. Es ist, in einer merkwürdigen Mischung, epigonal und pionierhaft in einem.

Wie oft versuchen meine Protagonisten das: sich mit der Zugkräftigkeit biblischer Luther-Sätze aus trüber leerer Geducktheit ihrer Diesseitigkeitssackgassen in Himmelsnähe zu katapultieren, kurzfristig – und, für mich selber, dann wieder wie für immer und zu tief versteckt. In welchem Roman habe ich den 42. Psalm zu Hilfe gerufen? Ich habe ihn nur stückweise (wieder eine Martin-Luther-Vokabel: stückweise) zitiert, und ich habe auch »Es ist nur ein Schritt zwischen mir und dem Tode« als Ausdruck eines Grundgefühls in einer Collage der Ängste und der Gegenmaßnahmen verwendet.

Mir fällt hier Kierkegaards Skepsis gegenüber Mitwissern, gegen das Anvertrauen ein, und seine Befürwortung der Verschlossenheit. Sein Herz ausschütten bei sich selber. Als jemand, der schreibt, könnte man angesichts der literarischen Ergiebigkeit der Bibel ja fast verzagen. Als Angebot für unsere menschliche Phantasie ist die Bibel ohnehin nicht zu übertreffen.

Ich blättere mich aus den Psalmen – zum Verzicht entschlossen, entmutigt vom Rudimentären – zu den Propheten: Entscheidungsnot auch hier. Ich löse ein wichtiges Stück aus dem Ganzen und zitiere Jesaja, Vers 43, 1: »Fürchte dich nicht, denn ich habe dich erlöset; ich habe dich bei deinem Namen gerufen: du bist mein.«

Für mich, die der leichten Unerlaubtheit solcher Zusammenhangszersplitterung eingedenk ist – ich weiß, daß die Erlösung, von der Jesaja spricht, etwas mit Lösegeld zu tun hat, und ich fühle mich doch zum übertragenen Sinn zugelassen – für mich bleibt der Satz ein gebetartiges Zuspruchssignal, das äußerste freundliche Hilfsangebot. Er ist, autobiographisch gesehen, für mich auch zugleich Trauspruch (mein eigener, ausgesucht von meinem Vater) und Grabinschrift (meines Vaters; wir, seine übriggebliebene Familie, wir waren ohne viel Wortwechsel dafür, wie für die erste und einfachste Lösung, und trafen diese Wahl sofort), und ich grüble bei dieser Kombination keiner Symbolik hinterher. Lebend, sterbend, jederzeit und für jeden: die Einladung des Jesaja ist von höchstem Nutzwert.

Aussagen wie diese, die hat man ganz von selbst gern, mit oder ohne Verstand. Sie finden die Seele auf direktem Weg, ähneln einem Wundermittel und sind ebenso schwer wie diese zu analysieren. Heute mehr, morgen weniger wirken sie aufs Gemüt, übermorgen spielt die Vernunft mit, gestern hat einfach die Sprache selber genügt: so ungefähr geht es damit zu. Ja, viel Wirkstoffanteil, glaube ich, geht auf die Sprache zurück. Sie ist in sich beweiskräftig.

Mir ist klar, immer weiter ist mir klar, daß die menschenfreundliche, dem Himmel zugewandte Aufforderung dem Zusammenhang immanent ist, aus dem ich sie trenne – aus einer ganz konkreten Verfolgungsgeschichte bei Jesaja; natürlich hantiere ich mit diesem Text unwissenschaftlich, und doch bin ich wie freigesprochen, wenn ich ihn für die erlösungssüchtige Seele, aus meiner historischen Ferne, verwende.

Eigentlich frage ich mich nicht, ob ich so mit den biblischen Geschichten umgehen darf. Ich fühle vielmehr in den religiösen Bedingungen eine große, Freiheit ermöglichende Erlaubnis. Der liebe Gott, den ich als Kind kennenlernte, war von Anfang an wahrhaftig ein LIEBER Gott, und wieder ist mein Vater im Spiel, und dieser Gott ist LIEB geblieben, auch wenn ich ihn heutzutage in den Anrufungen des David als einen Gott des Grimms und des Zorns genießen kann.

Es ist so, als entscheide am allermeisten, daß ich überhaupt Anziehungskraft und Sehnsucht an mich heranlasse. Ist man gläubig, wenn man unbedingt nicht ungläubig sein will? Wenn man es nicht erträgt, nicht zu glauben? »Fürchte dich nicht . . .« Mir genügt die ruhige, sanftmütige, zuversichtmachende Beeinflussung, der ausgezeichnete Vorschlag. Ich ziehe einen Gewinn aus einem festen Versprechen. Ich bin gemeint. Beim Namen gerufen. Ich darf, wenn ich nur kann – und das heißt, wenn ich glauben kann, weil ich ja nicht leben kann und nicht glauben zugleich – das gutgelernte Fürchten verlernen. Das Zutrauen üben, dazu lädt Jesaja mich ein, und verlassen bin ich nicht, darauf ist Verlaß. SEIN bin ich. Genau kann ich nicht wissen, woher die hohe Glaub-Würdigkeit dieser Sätze stammt.

Die Grundkondition meines tagtäglichen Fortkommens in der Welt, dieses winzigen Augenblicks JETZT vor der Unendlichkeit, wird so bestimmt. Und auch und ebenso an viel mehr biblischen Orten, als ich aufzählen könnte. »Denn wir haben hier keine bleibende Stadt, sondern die zukünftige suchen wir.« Dieser Satz in Kapitel 13, Vers 14 des Hebräerbriefs – Neues Testament, Apostel Johannes – drückt mein prinzipielles Lebensgefühl aus. Auf dieser Basis, und wahrhaftig nur auf dieser, kann ich im Zustand meines Existierens die Öffnung in eine Zukunft erblicken. Ich erkenne eine Richtung. Sie wird durch das Suchen aber erst geschaffen. Das Suchen ist ein Hoffen. So nur, spüre ich, kann gelebt werden, in der Umzingelung von Widersprüchen, die uns leer und ratlos machen. Ohne Hoffen, auf den erklärenden, todüberwindenden Bewußtseinsmoment, kann ich nicht aufwachen und nicht einschlafen.

Kann ich mir die »zukünftige Stadt« vorstellen? Das kann ich nicht, und doch stimulieren mich Bilder aus Luthers Wortschatz: die »lieblichen Wohnungen«. »Meine Seele verlangt und sehnt sich nach den Vorhöfen des Herrn.« Die Getriebenheit des Menschen, Gott zu finden, also das Hoffen, Glauben, Lieben, also die Suche nach den Vorhöfen und der zukünftigen Stadt und der leichte Abschied von jeder bleibenden Stadt, diese gottesbedürftige Obsession erklärt den »Heiligen Geist«.

Was aber stört mich, schon wenn ich vom Erklären auch nur spreche? Alles Hinzugefügte, alles Zugänglichgemachte und alles Bequemere, das von Martin Luthers Nachfolgern, eigentlich Einebnern angestrebt wird und auf mehr Laufkundschaft abzielt, das kommt mir grundsätzlich überflüssig vor. Der Eindruck des Unebenbürtigen irritiert.

Die Bibel, in Luthers Übersetzung, ist ernst und streng und widerspenstig, und ich meine, sie sollte so bleiben. Ich erfreue mich an den oftmals fast kalten, rechnerischen Ausdrucksweisen. Ich liebe Luthers DENN-Sätze, die Reihungen und Abfolgen in einer nicht auf glättende Annehmlichkeit abzielenden Grammatik.

»Denn wir haben hier keine bleibende Stadt, sondern die zukünftige suchen wir.« Das klingt wie eine Verordnung, tilgt alles Feilschen um WENN und ABER, gleicht einem Bescheid, höchst amtlich. Präziser und einsilbiger geht es nicht. Mit dieser unabweisbaren Verfügung finde ich aus der üblichen Ungeduld, der geistlosen Mißgestimmtheit, die oft der erste schlechte Einfall und die Rettung aus der gewöhnlichen Gewissensverzweiflung ist.

Und warum ist mir die Bibel an ihren zurechtrüttelnden Stellen am liebsten? »Denn das Reich Gottes ist nicht Essen und Trinken, sondern . . .« Ja, sondern Gerechtigkeit, um die es immer wieder geht, wie um die anzustrebenden, einfach ja nur scheinenden Tugenden der Freundlichkeit, der Güte, Nachsicht, der Geduld. Alle einzusammeln unter den Oberbegriff der Liebe. ». . . nicht Essen und Trinken und Deckchensticken . . .«, die Syntax hat mich eben an die Mao-Bibel erinnert, und beim Oberbegriff Liebe mußte ich an einen gescheiten, international renommierten alten Wissenschaftler denken, der neulich in einem Interview seinen maximehaften Schiedsspruch sagte: »Was der Liebe nicht standhält, ist falsch.«

Weil aber allzu oft die übliche Menschenschwäche uns darin behindert, mit dieser Art der Liebe, Nächstenliebe, völlig ernstzumachen, und weil wir uns nur dumpf schuldbewußt dann quälen, gilt, für solche Seelennotzeiten, das Flehen des Paulus: »O Herr, erlöse mich von dem Leibe dieses Todes.« Oder so: ich willige in die Paradoxien der unbescheidensten Bescheidenheit ein und lese im Philipper-Brief:

»Unser Wandel aber ist im Himmel, von dannen wir auch warten des Heilands Jesu Christi, des Herrn, welcher unsern nichtigen Leib verklären wird, daß er ähnlich werde seinem verklärten Leibe nach der Wirkung, mit der er kann auch alle Dinge sich untertänig machen.«

Vielleicht ist es gut, daß ich nicht Theologie studiert habe und, wie mein Vater es tat, predige, gut für die Gemeinde, denn ich hätte mich nicht, ihn nachahmend, für die sanfteren Zusicherungen von der Kanzel aus entschieden. Er aber verkündete die väterliche Freundlichkeit Gottes und war mit dieser Entscheidung freundlich zu Leuten, die selten einen wirklich freundlichen Gedanken an Gott verschwenden. Ich höre meinen Vater jetzt sprechen, weil ich jetzt im vierten Kapitel des Philipper-Briefs, Vers 4 lese:

»Freuet euch in dem Herrn allewege! Und abermals sage ich: Freuet euch! Eure Lindigkeit lasset kund sein allen Menschen! Der Herr ist nahe! Sorget nichts! Sondern in allen Dingen lasset eure Bitten im Gebet und Flehen mit Danksagung vor Gott kund werden. Und der Friede Gottes, welcher höher ist denn alle Vernunft, bewahre eure Herzen und Sinne in Christo Jesu!«

Daß mir mein Vater, der beide Arme beim Beginn des Schluß-satzes hob, mein Vater im schwarzen Talar und meine Zu-schauerstimmung so gegenwärtig werden, das, denke ich in diesem Augenblick zum erstenmal, und daß also schon Verklä-rung, Auferstehung, Erlösung vom Leibe des Todes bewiesen sind, das muß mit seinem Beruf zu tun haben, und es fällt mir plötzlich leicht, die Ermahnung an die Kolosser anzunehmen und nicht nach dem zu trachten, was auf Erden ist.   (1983)

Čechov immer wieder

»Tu's nicht, Emily, tu's nicht!« Das ist mein Selbstwarnzitat aus Thornton Wilders Schauspiel »Unsere kleine Stadt« – seit Jahrzehnten kopieren meine Schwester und ich in gewissen Verlockungs-Not-Lagen die Stimme der Darstellerin aus der längst historischen Erstaufführung – ach, weit abgelegene Vergangenheit, in der man noch so stark zu beeindrucken war ... »Tu's nicht, Emily, tu's nicht ...«, aber der zweite Teil des Ratschlags paßt nicht in meine jetzige Entscheidungspein beim Handgepäck. »Es ist nicht, was man sich davon verspricht«, bekommt die kleine, ihr kurzes Leben nachspielende Emily zu hören. Es wäre jedoch, was ich mir davon verspreche, wenn ich nachher in meinem Zug nach Osnabrück Erzählungen läse, die ich schon kenne, besser: die ich gekannt habe, die mein Gedächtnis so gern zurückgewinnt wie Seitenblicke da- und dorthin im Verlauf der Strecke, die ich auch kenne, auch kannte, und so weiter nach dem Wiederholungsprinzip, durch das ich oft genug mein Leben angetrieben weiß, ob ich es will oder nicht ...

Aber trotzdem, ich warne mich, kurz bevor ich wieder einmal abreise, vor meinem eigenen Bedürfnis, ein Buch von Anton Čechov einzupacken. Ist das überhaupt noch ein Lesebedürfnis? Ist das vernünftiges Weiterkommen in meiner Biographie als Geisteswesen, als jemand, der hinzulernen sollte – ha! Als könne man nicht neue Erfahrungen mit alten Erfahrungen machen, oder so: beim Erinnern an sich selber von früher, man lernt von sich, man landet bei sich, »wie man wird was man ist«, sagt Schopenhauer, ähnlich sagt es Kierkegaard, ich könnte auch wieder einmal mit Kierkegaard nach Osnabrück fahren, oder nächste Woche nach München ... und schon habe ich einen Čechov-Erzählungsband in der Hand, das Telephon klingelt, ich lege das Bändchen hin, bin jetzt abgelenkt, ich höre noch »tu's nicht, Gabriele, tu's nicht«, hier liegt das Theaterstück, das du aus dem Französischen ins Deutsche »nachdichten« sollst, das wäre einmal etwas anderes, dort: Gottfried Keller, du hast noch zu entscheiden, ob du diese Gottfried-Keller-Ausgabe wirklich nicht machen wirst, auch das wäre einmal etwas anderes . . ., und dieser kleine Stapel mit Neuerscheinungen, was ist damit, welches Buch wiegt nicht zu viel, in Gramm gemessen – und doch so viel, daß es Kopf und Seele stark genug beansprucht?

Sei gescheit, vergiß den Drang, in letzter Minute doch noch das ungelesene Buch – egal fast, welches – gegen gelesenen Čechov einzutauschen.

Gut so, lobe ich mich, ich habe mich erwachsen-wißbegierig entschieden und werde mich auf etwas Unbekanntes einlassen, Roman, Erzählung, Essais – aber wenn es mir nun nicht gefällt? Es gefällt mir, das heißt ja viel, denn es heißt: es nützt mir. Schon tummeln sich Erinnerungen an Čechov-Passagen anheimelnd, ja anheimelnd für Bahnsteige und Hotelzimmer, mir fallen die Sätze ein – und sie nützen mir – über das fatalistisch-betrübte Mitleid eines Protagonisten mit einem erschossenen und als delikates Gericht auf dem Eßtisch aufgebahrten Rebhuhn; das Rebhuhn kommt ihm schöner und intelligenter und phantasievoller vor als die junge Gastgeberin, die es auftischt . . . von Fundstellen wie dieser möchte ich doch nie verlassen sein. Lesematerial für Reisen – das hat den Rang von Lebensmitteln, wortwörtlich, von Proviant. Schon ertappe ich mich bei Ergänzungshandgriffen am leichten Gepäck. Eßwaren und schließlich eben doch Čechov-Geschichten machen es etwas zu schwer für meine Absicht, rasch und unbehindert überall vom Fleck zu kommen. Aber das Nützen! Die beste Gesellschaft will ich haben. Auf den Beistand von gutartiger Ironie als Existenzblickwinkel zu verzichten, wäre töricht, klug aber ist es, nach Čechov-Manier auf die kommenden Bedingungen zu schauen.

Oft komme ich, auf meinen Reisen, über die Zeitungslektüre

gar nicht hinaus, wie auf einer Alibi-Suche, und manchmal will ich mich sogar davor drücken, in der Bibel nachzuschlagen, das ist wie Faulheit, Lässigkeit angesichts wichtiger Empfindungen, nie sind wichtige Empfindungen so ganz bequem, und doch: er ist ja unentbehrlich, der kleine Moment mit dem großen Himmelstrick, mit dem Hinweis, mit der unanschaulichen Anschauung – kleiner gläubiger Aberglaube; er ist so unentbehrlich, wie Čechov-Vergnügen zur Bewußtmachung, diese Stelle von der Hausfrau (aus der Erzählung »In der Heimat«), die vor lauter Erleichterung darüber, daß ihre Gäste endlich aufbrechen, freundlich vorschlägt: »Wollen Sie nicht noch ein wenig bleiben?« Ich muß auf meiner Anhänglichkeitseigenschaft wie auf einer eigenen, nur mir möglichen Fährte bleiben, auf einer Wiederholungsspur. Ich lese in der Erzählung »Ariadna« vom »charakterschwachen Menschen«, der offen herumliegende Briefe auf den Schreibtischen anderer Leute unweigerlich lesen muß, und ich halte ein, bin wirklich gerührt: diese Passage erkenne ich wieder, ich fand sie in den »Notizbüchern«, in eckigen Klammern, die besagen: verwendet, verwertet. Und mir fallen die vielen Sätze ein, die nicht in eckigen Klammern stehen, und ich begreife Čechovs resignierten Ausruf: »5 Jahre Arbeit . . .«

Von meiner amerikanischen Kollegin Joyce Carol Oates weiß ich, daß sie Čechovsche Motive zu eigenen Erzählungen genutzt hat: eine gute Idee, finde ich, weiß aber – durch diesen Kunst-Instinkt, ohne den kein noch so kleines Schreibstück gelingt – daß ich mir für mich selber von solcher Nach-Folge-Weiterentwicklung nichts versprechen kann; bei aller Sympathie, die enger nicht binden könnte, sind mir doch die russischen Menschen, Szenen, gesellschaftlichen Konstellationen zur Schreibzeit des Čechov entrückt, nicht dem Nachvollzug als einem äußerst sublimen Genuß, aber dem eigenen Schreibimpetus.

Wer heutzutage damit anfangen will, Anton P. Čechov gernzuhaben, ist leichter zu versorgen als der Anhänger von früher, denn der Diogenes Verlag hat mit der Publikation des Gesamtwerks die vielfältige Prosa in Kassetten systematisiert. Meinem eigenen Čechov-Charaktermerkmal – so nenne ich meinen Trieb zum Wiederlesen ja vielleicht am besten, wie den Vermerk im Personalausweis, bei »persönlichen Kennzeichen« –, diesem Charaktermerkmal also nützt schon der Blick auf alle diese Bände, sie sind zum Čechov-Universum angeordnet, und sie bilden einen Kontrast zu meiner vorherigen Čechov-Bibliothek, die mir aber weiter als Reiseproviant-Bibliothek dient und mehr dem Kosmos vor dem Urknall ähnelt, mit lauter in Umfang, Einband, Lebensalter, Verlagsherkunft unterschiedlichen Büchern.

Abschiednehmend denke ich – aber schwunglos, denn ich weiß, es ist nicht Handliches verfügbar – ich könnte mehr lesen von Verfassern meiner Leitmotiv- und Lieblingssätze: Zwingli und seine Variante der Gebote, wo fände ich sie? Ich begnüge mich weiter mit seinem Imperativ im Bewußtsein: »Du sollst keinen anderen Menschen erschrecken.« Georg Christoph Lichtenberg: »Es tun mir viele Sachen weh, die andern nur leidtun.« Beide Stellen könnte man in Beziehung zueinander setzen, wie für eine Dramaturgie von Čechov-Geschichten. Die kenne ich, wie man alte Bekannte kennt, aus der Erinnerung, oft mit Heimweh, oder mit einem Nachgeschmack an Stimmungen. Ungenau, aber geliebt. Unordnung meiner Lesegewohnheiten! Oft habe ich vor, mit einer Gesetzmäßigkeit dagegen anzugehen – doch paßt die nicht zu mir und zum Vergnügen, das das Lesen sein kann, zum Vergnügen bei Čechov. Wirklich, ich brauche diese Verläßlichkeit in meiner Reisetasche, ich habe heute den Komplex 3 Tage Osnabrück vor mir samt Nahverkehr zwischen Darmstadt und Mainz und Zugverspätungen, Hotel mit noch ungewiß mittlerem Zimmer, den Portier, dessen rugbyballförmiges Gesicht mir jetzt einfällt, und wie ich ihn freundlich stimme. Diesmal wird ein altmodisch gebundenes Buch aus der Reihe der entschwundenen »Hafis«-Bücherei mir beistehen, eine Sammlung Čechov-Geschichten mit dem

Titel »Russische Erzählungen«. In dem schmalen, aber inhaltsüppig gesetzten Band suche ich vergebens nach dem Erscheinungsjahr, es gibt nur den Anhaltspunkt des damaligen Ladenpreises: 1 Mark 50. Sehr weit muß also diese Anschaffung, die auf meinen bücherliebenden Vater zurückgeht, von meinem heutigen Reisedatum, einem Novembertag 1983, entfernt sein.

Als eine Art Sicherheitsmaßnahme gruppiere ich die dünne rororo-Monographie zur Primär-Literatur Čechov, Neues Testament und Psalmen, ein schmaler Band betitelt »Trost bei Goethe« – das kommt mir schon wie eine ganz schön existentielle Reisegesellschaft vor, dort in der Tasche neben den Eßwaren, und diese Lesemanier, die einschließt, daß ich vielleicht mehr in Gedanken als auf dem Papier lese, ist, ähnlich dem Schreiben, eine Angelegenheit meines Organismus geworden, ist keine Zutat, vielmehr Lebensangewohnheit – selbstverständlich wie Essen und ebenso notwendig, und wie Empfinden, durch Lektüre und über sie hinaus, neben ihr her, wie Landschaftsvergewisserungen während der Fahrt, wie das Wiederholen von Čechov-Passagen, ich lese jetzt von der Notwendigkeit privater Geheimnisse, lese den Schlüsselsatz aus »Die Dame und das Hündchen«, die ganze Erzählung brauche ich jetzt nicht, es genügt die, später verwendete, Eintragung im »Notizbuch« Čechovs, dieser freundlichen einladenden Fundgrube voller Beobachtungen, anderer Menschen, Wahrnehmungen in Natur- und Physiognomie-Gefilden, belauschter oder erdachter Dialoge und imaginiertem Empfinden; ich kann in den Notizbüchern so neugierig lesen, als seien die Details schon zum Roman gefügt, für mich genügen die Splitter, aber mit wie großem Vergnügen erkenne ich sie wieder, nachdem Čechov sie in den Zusammenhang einer Geschichte gebracht hat, und also lese ich bald hier, bald dort, und wieder spüre ich dem Satz des Verfassers nach: »5 Jahre Arbeit . . . Material für 5 Jahre . . .«

Bis Osnabrück habe ich keinen »Trost bei Goethe« gebraucht

und die Zeitungen so uninteressant gefunden, wie sie waren. Kollegiales Gefühl, das gar nicht so leicht unter Zeitgenossen zu haben ist, spielt immer mit, zwischen mir und einem Schriftsteller, der ungern das formulierte, was wir heute als »Selbstaussagen« hochhalten, und der Manifeste nicht unterschreiben wollte und Gesinnungsappelle verabscheute, einer also, der den Anspruch meines anderen Reisebegleiters, Goethes, ideenreich-individualistisch erfüllte: Geselle dich zur kleinsten Schar.«

Čechov, der heutzutage – ähnlich wie in seiner eigenen Lebenszeit – keinem so ganz geheuer gewesen wäre, nirgendwo sich so richtig einordnen ließe, der auch heute nicht gewürdigt würde, der seinen neugierig-ironischen, nicht herzlosen Blick auch auf sich selber richtete und doch gewiß nicht immer damit Glück hatte, seine eigene Berufssache nur wenig ernstzunehmen. Immer wieder gerate ich in die Eintragungen, wo sich die Portraits geplanter Hauptpersonen durch den Wunsch, eines Tages große Schriftsteller zu sein, unglücklich – denn das Scheitern scheint unentrinnbar – zur Leidensmiene verzogen . . ., aber immer sind sie uns für ein Lächeln freigegeben.

Jetzt geht es mir so gut wie manchmal unterwegs. Manchmal denke ich, jetzt habe ich genug. Es ist Nacht im Hotelzimmer, simultan zum philippinischen Spätfilm lese ich Čechov, nun wieder »Ariadna«, und ich schreibe ein bißchen an diesem Text hier über Čechov, und der 23. Psalm paßt immer dazu; ich habe mit zu Haus konferiert, vorhin am Telephon da drüben, danach über den »Großen Wagen« und die »Schlinge« am westfälischen Nachthimmel während einer Rückfahrt im Auto vom Abstecher nach Melle, und ich finde in »Ariadna« und dann in der Geschichte »Morast« wieder die eingeflossenen Vorformen.

Die ungeschickte, sehnsuchtsgesteuerte Suche nach der Vollkommenheit! Der männliche Held in »Ariadna« schlittert in eine Ehe der fahrlässig verschusselten Gefühle, aber er hat geliebt und wenigstens das Empfindungsglück, sein Unglück zu spüren. Während der Spielfilm aus Manila in seiner zeitgenössischen Direktheit für den Helden aus Čechovs »Ariadna« in ungeahnten Ausmaßen anstößig wäre, pornographisch, ähneln einander doch die innerlichen Fehlerhaftigkeiten, die den Menschenumgang imprägnieren, auch nach 90 Jahren, und mich, als jemanden der schreibt und auf das Schreiben bezogen liest, Čechov immer wieder, werden sie nicht ruhen lassen, und jetzt, als ich gerade noch dachte, fast genug zu haben, fällt mir eine meiner Lieblingsgeschichten ein, die vom Hauslehrer, und die habe ich nicht im Reisegepäck für die drei Tage Osnabrück – und schon freue ich mich, daß es, mit stets demselben Čechov und meiner Lektüre, so weitergehen wird, immer weiter . . .

(1983)

Einige Notizen zu meiner Vorliebe
für Anton Pavlovič Čechov

Links auf meinem Schreibtisch bleibt BAEDEKER'S RUSSLAND aus dem (Čechov-Lebens-)Jahr 1897 liegen. Immer wieder Čechov zu lesen, das hielt ich für eine meiner angenehmsten Angewohnheiten, aber diesmal erst habe ich mich systematisch, monatelang und hintereinander ununterbrochen, mit meinem Lieblingsschriftsteller beschäftigt. Und jetzt, nachdem ich alles, was in deutscher Sprache zugänglich gemacht ist, kenne, jetzt bin ich nicht erleichtert wie sonst nach getaner Arbeit – vielleicht, weil diese Arbeit allzu leicht mit Vergnügen, Liebhaberei zu verwechseln war und weil sie der besten Unterbringung gleichkam. Das gründliche Zusammentreffen mit Čechovs Werk will ich nicht für erledigt halten. Nur auf meine Erinnerungen angewiesen zu sein, käme mir zu unzuverlässig vor. Am liebsten wiederholte ich die ganze Lesezeit. Ich blättere im Baedeker von 1897 und weiß, daß ich diesen Abschied nicht nehmen kann.

Obwohl jetzt Sommer ist und die Gartenbank draußen gebraucht wird, möchte ich sie als Abladeplatz für Čechov-Literatur im Arbeitszimmer stehen lassen. Diese vielen Bände der verschiedenen Werkausgaben und Auswahleditionen sehen, versorgt mit meinen Notizblättern, wie Patienten in einer Ambulanz aus. Ganz von selbst muß ich an die vielen Wartezimmer und heruntergewirtschafteten Arztpraxen aus Čechovschen Erzählungen denken. Dauernd assoziiere ich mich zu den charakteristischen Partikeln und Topoi aus Čechovs Belletristik und Theaterstücken hin. Im Erscheinungsjahr meines Baedekers, 1897, war die lange Erzählung »Krankenzimmer Nr. 6« schon geschrieben, glaube ich zu wissen, ohne irgendwo nachschlagen zu müssen, und daß ich nicht hundertprozentig sicher bin, brauchte mich nun nicht mehr zu beunruhigen: aber für diesen Schriftsteller mache ich mir sogar Fleiß- und Pflicht-Mühen! 1892 veröffentlichte Čechov diese Erzählung in der Zeitschrift »Russkaja mysl«, erfahre ich.

Bei diesem Schriftsteller möchte ich allerdings vor allem jemand sein, der sich auf eigenem Terrain befindet, der selbständige Behauptungen aufstellt, nicht recherchiert und nachstudiert. Was paßt mir nicht, in diesen Schreibaugenblicken jetzt, zu Čechov? Der Sommer draußen: wie von ihm beschrieben. Čechov ist mein favorisierter Schilderer von Witterungen, Wetterarten, Wetterwechsel. Ausgenommen den Winter, kann ich von allen meinen hiesigen südwesthessischen Wetterlagen sagen: Čechov-Wetter. Der Lichteinfall auf Laubverstecks in einer Holundergebüschwildnis erinnert an Gartenwinkel aus Čechovs Prosa. Die kleine Lichtung erweitert sich, wenn ich zu lesen anfange: es wird schattig, während die Sonne scheint. Extreme Hitze, während es kühl ist: ich bin in eine Erzählung vertieft. Wenn es nicht regnen kann, empfinde ich eine Briefstelle Čechovs nach: dort klagt er, nie und nimmermehr werde es im heißen und trockenen Jalta – nachschlagen in welchem Jahr – den erquickenden, lange Sehnsucht löschenden Regen geben. Dann regnet es, hier damals und dort jetzt oder umgekehrt, wie es auch regnet, es regnet nach der Art des Čechov. Während ich noch denke, jemand Geduldiges und Neugieriges sollte eine Untersuchung über die Rolle des Wetters im erzählerischen und dramatischen Werk Anton P. Čechovs schreiben, fällt mir schon mit einer gewissen Schadenfreude ein, wie überaus gering Čechovs Wertschätzung der Verfasser von Sekundärliteratur war. Alles aus erster Hand, bei diesem Schriftsteller. Sollte man in Versuchung kommen, sich zum Beispiel über Kritiken zu ärgern, so sorgt Čechov – unmittelbar in vielen Briefpassagen, indirekt durch sein erzählerisches Ich im literarischen Werk – für die angebrachte Nichtachtung, die Erfrischung, richtet Ordnung an im Selbstbewußtsein.

Baedeker 1897/Čechov 1897: im Frühjahr offenbarte sich sein längst chronisch schlechter Gesundheitszustand definitiv als Lungentuberkulose. Er mußte anfangen, mit sich als einem Kranken zu rechnen. Darüber, wie er, wohlgemerkt: als Arzt, sich zu seinen ungünstigen Chancen auf völlige Heilung verhielt, können wir nachträglich nur spekulieren. Čechov war ein mit sich selber diskreter Mensch, als Briefschreiber und sogar wenn er Tagebuch führte: er benutzte es nicht, um bei sich selber sein Herz auszuschütten. Im März 1897 besuchte Tolstoj ihn in der Moskauer Klinik, und diesen Umstand vermerkt er in einem Brief an seinen Verleger Suvorin als Glück im Unglück: »Alles Schlechte hat sein Gutes. In der Klinik hatte ich Besuch von Lev Nikolaevič, mit dem ich ein sehr interessantes Gespräch führte, sehr interessant für mich, weil ich mehr zugehört als gesprochen habe. Wir sprachen über die Unsterblichkeit.«

Über die waren sie unterschiedlicher Ansicht. Ich stelle mir vor, daß der gutartige und höfliche Čechov nicht ausführlich widersprochen hat – auch aus Lässigkeit nicht, und mit Unterwürfigkeit dem viel älteren, in seiner Größe respektierten und längst berühmten Tolstoj gegenüber hatte nichts im Verhalten Čechovs etwas zu tun: seinen unabhängig denkenden und skeptisch-kritischen Kopf ließ er sich nie und von keinem verdrehen. Widerstreben hat er wahrscheinlich auch deshalb lieber in Briefen protokolliert, weil er einen genauen Blick für die Lächerlichkeit und die Erbärmlichkeit des Streits zwischen Menschen besaß. Tolstojs Unsterblichkeitsbegriff erschien ihm als zu vage, sein Prinzip einer allen Lebewesen obwaltenden Kraft verglich er mit einer »formlosen, gallertartigen Masse«, und wie aus Unlust, seine eigene Individualität solle mit einer solchen ungewissen Ansammlung verfließen, entschied er: »Eine solche Unsterblichkeit brauche ich nicht, ich begreife sie nicht, und Lev Nikolaevič wundert sich, daß ich sie nicht begreife.«

Während dieses Klinikaufenthaltes erfuhr Čechov von seinen Ärzten, es werde unvermeidlich sein, das Leben in Moskau und auf dem Gut Melichovo südlich von Moskau ganz aufzugeben und auf die klimatisch für günstiger gehaltene

Krim überzusiedeln: Lesezeichen im Baedeker führen mich nach Jalta, nach Autka, einem Vorort, in dem Čechov ein Haus kaufte, das er dann, immer zusammen mit seiner Mutter, bewohnte, ein Haus, groß genug, um die übrigen zahlreichen Familienmitglieder ebenfalls aufzunehmen – und Čechovs Familiensinn, sein Lebensgefühl einer niemals aufzukündigenden Verantwortlichkeit fällt mir ein. Wer sind seine ersten und wichtigsten Adressaten, wenn er eine seiner komplizierten und als Stories interessanten Reisen machte, nach Sachalin, um dort den Strafvollzug und die Lebensbedingungen in der »Katorga« zu studieren, oder nach Europa, um die merkwürdig andere Welt jenseits von Rußland kennenzulernen und zu versuchen, sie vielleicht zu genießen? Es sind immer zuallererst Familienmitglieder, denen Čechov schreibt, und er schreibt geduldige Briefe anstelle von Prosastücken oder einer Art Korrespondenz für die Nachwelt, gerichtet an die damals bekannten Leute, mit denen vielleicht Staat zu machen wäre, für die sich in Positur zu setzen irgendwelchen Ruhm brächte.

Links auf meinem Schreibtisch bleibt der Baedeker 1897 liegen, und meinen Globus, einen Beleuchtungskörper, bringe ich nicht aus der Stellung Sowjetunion heraus. 1897 von Nizza aus schrieb Čechov an seine fürsorglich-vertraute Gehilfin-Schwester Maša: »In meinem Schreibtisch, links glaube ich . . .« und gab dann eine seiner Anweisungen, nach einem Couvert mit Papierschnitzeln zu suchen. Auf diesen Schnitzeln, so wußte er es genau in Nizza, befand sich die Beschreibung eines bestimmten Zimmers, der Ausgangspunkt für eine Erzählung.

Angefüllt mit solchen »Ausgangspunkten« – vergleichbar den Epiphanien bei James Joyce – sind die TAGEBÜCHER, NOTIZBÜCHER, in denen wir, wie gesagt, so wenig über den privaten Čechov finden, um so mehr über einen Schriftsteller, der jedes Wahrnehmungsdetail und jede noch so winzige Beobachtung, alles Optische und Akustische, kurz: jeglichen Sinneseindruck zuallererst einmal für verwertbar hielt und seinem literarischen Werk zugute kommen lassen wollte. Der selbstironische und bescheidene Čechov, als Briefpartner immer bereit, sich selber zu bezichtigen – z. B. »langweiliger« und »schleppender« Geschichten, oder »träge« zu sein – hat vielleicht nicht das Risiko ermessen, wortwörtlich genommen zu werden: von den weniger humorfähigen, einfacher konstruierten, geistig unterlegenen Empfängern derartiger Botschaften. Seiner selbst hat er sich nie gerühmt, oh nein: er hat im Gegenteil mit seiner Lebensleistung untertrieben, hat seine Schreibarbeit verspottet und zugegeben, er sei wieder einmal tagelang nur »von einer Zimmerekke in die andere« gewandert. Doch manchmal wurden ihm die Mißverständnisse dann zu prinzipiell, und es handelte sich nicht um Selbstverteidigung, sondern darum, ein richtigeres Verständnis zu erzielen, wenn er – wieder im Brief an den befreundeten Verleger Suvorin (und ich befinde mich immer noch im Baedeker-Jahr 1897) Folgendes zurechtrückte: »Sie schreiben – mein Ideal sei die Faulheit. Nein, es ist nicht Faulheit. Ich verachte die Faulheit, so wie ich Schwäche und Trägheit der seelischen Regungen verachte. Ich habe nicht von Faulheit gesprochen, sondern vom Müßiggang, und ich habe dabei gesagt, daß Müßiggang kein Ideal sei, sondern nur eine der unabdingbaren Voraussetzungen für persönliches Glück.«

Im Rückblick auf Čechovs Lebenswerk – viele Tausend Prosaseiten, sieben Theaterstücke, elf Vaudevilles oder Einakter, sieben Szenen/Dialoge – und dazugenommen die aufwendig-umfangreiche Post, zu der er sich – ich weiß nicht woher – unermüdlich freundlich doch immer wieder Zeit genommen hat und die er ernstnahm – im Rückblick würde jeder Betrachter dieser Mammutleistung in kurzer Lebenszeit selbstverständlich als allererstes von Fleiß sprechen. Aber das Fleiß-Etikett gibt natürlich auch nicht völlig wieder, worum es sich in dieser Schreibexistenz gehandelt hat. »Natürlich«, habe ich gesagt. Das Unnatürliche ist dem Schriftsteller – zu seinem Lebenspech – natürlich: daß er schreiben muß, obsessiv und von diesem Ewig-Schreiben-Müssen infiziert. Wie fraglich-vergiftend und auch lebenspraxisfern, wie immer nur verwendend und unendlich-unabsehbar hamsterartig dieses »faule Fleißigsein« sich lebt, läßt Čechov viele seiner Figuren in Stücken und Erzählungen klagen; viele sind Künstler, viele sind Schriftsteller oder möchten Schriftsteller sein, und sie fühlen sich unweigerlich von den übrigen Menschen abgetrennt, sie stöhnen unter dieser Lebenslast, und wollen, können sie doch nicht loswerden.

Ließe sich das Schreiben, und die Grundvoraussetzung dazu: ein Original sein, beibringen, Čechovs Briefe wären das ideale Lehrmaterial. Schon als 17jähriger war er seinen Familienangehörigen und an erster Stelle seinem ebenfalls voll Schriftsteller-Zukunfts-Elan schreibenden Bruder Aleksandr ein lustig-grimmiger, energischer und immer liebevoller Ratgeber. Ernstgemeinte Strenge hat er humoristisch und anspielungsreich verpackt, damit aus jeder Belehrung noch ein Genuß gezogen werden könne. Genuß bereitet es nun wiederum mir, zu erkennen, daß damals schon, so frühzeitig in seiner Biographie eines Künstlers, Čechov den absoluten Instinkt für Originalität besaß. Ihm mußte hierüber nichts doziert werden. Zu Bewunderung anderer war er nicht unfähig, doch wenn es – nicht übermäßig häufig – etwas zu bewundern gab, so geschah es nicht »götzendienstanbeterisch«. Er ermahnte Aleksandr, sich nicht mit den Meinungen anderer Leute abzugeben, sich bei fremden Urteilen nicht aufzuhalten. Čechov brauchte nicht erst darüber informiert zu werden, daß derjenige aufgeben kann, der nicht seine eigene Instanz ist und nicht sich, in Krisen, bei sich selber nach einem Ausweg erkundigt. Über Originalität, die nicht nur »im Stil sitzt«, vielmehr hauptsächlich an der »Art zu denken« zu erkennen ist, wußte Čechov genuin Bescheid. Die Notwendigkeit, in den eigenen Überzeugungen unbeirrbar zu sein, hat er lebenslänglich exemplifiziert. Unnachahmlich zu werden, darin kann man freilich keinen anderen

Menschen unterrichten. Unter den zunächst gleichen Karrière-Voraussichten – ähnlich schlechte Chancen für beide Brüder, Anfänger-Chancen eben – wurde Aleksandr dann doch nur ein Redakteur, Čechov hingegen so protektionsunabhängig und endgültig ein »freier« Schriftsteller, daß er diese »Freiheit« als existenzielle Abhängigkeit von sich selber und Schreibverbannung empfand – auch das eine Selbstverständlichkeit für jeden, der sich täglich zur eigenen Freiheitsberaubung aufraffen muß, als sein eigener Arbeitgeber. Und dem unpathetischen Čechov lag es nicht, sich über seine Determiniertheit pathetisch bei anderen auszuweinen, eher lädt er zum Gelächter über sein alltägliches Fortkommen ein, klagt entweder »ich habe keine Themen« oder »Sujets habe ich genug«, »Erzählungen wie Sand am Meer« und deutet damit diese lebenslängliche Berufspein nur an, doch gibt es auch Eingeständnisse wie dieses: »Ich führe ein vorwiegend vegetatives Leben, vergiftet von dem Gedanken, daß ich schreiben muß, ewig schreiben.«

1897 in Čechovs Arbeits-Notizbuch: »Offensichtlich, es gibt das Schöne, Ewige, aber es ist jenseits des Lebens; nicht leben muß man, sondern mit dem Übrigen verschmelzen, und dann in seinem stillen Zimmer gleichgültig zuschauen . . .«
Diese Eintragung ist durchgestrichen, was bedeutet, daß Čechov sie später verwendet hat. Zwar habe ich alles gelesen, aber ich weiß jetzt nicht, wo ich die verwertete Stelle finden würde. Eigentlich freut mich sogar dieser Wissensnotstand. Zeigt man Anzeichen der Lässigkeit, dann wird man Čechov-Figuren ähnlich. Belegen kann die Notiz allerdings, daß Čechov natürlich auch ohne die Assistenz des Tolstoj an die Unsterblichkeit gedacht hat. Die Absicht, einer solle »gleichgültig zuschauen«, führt wieder in die Stimmung der Prosa, der Stücke. Und deren Urheber, der Autor selber, nahm sich vor, erst »zu Eis« zu werden, bevor er schrieb. Von heutiger Selbsterfahrungsliteratur und Verständigungstexten hielte er gar nichts. Obwohl er ein veritabler »Vielschreiber« war – was ich gern erwähne, weil das offenbart,

wie wenig die Geringschätzung der »Vielschreiber« wert ist –
wartete er darauf, in eine Distanz zu seinem Stoff zu geraten.
Motive, Schnappschußeindrücke, Wörterfunde bevorratete
er in den Notizbüchern. Im Moment des Niederschreibens
stand überhaupt für alle diese Wahrnehmungsglücksfälle
noch kein Zusammenhang und Erzählungsort fest.
Ich lese jetzt: »Die Geldscheine rochen nach Lebertran.« Mit
verblüffenden Miniaturbeobachtungen wie diese kennzeich-
nete Čechov bestimmte Leute. Den Menschen, der mit
solchen Geldscheinen bezahlt, sieht man nicht nur sofort vor
sich, es wird auch der Geruchssinn bedient. Ein vertrackter
satirischer und doch immer auch menschenzugetaner Humor
bereitet auf jeder Čechov-Seite dieses spezielle Vergnügen,
von dem ich mich gerade wieder frage, warum ich es mir zur
Erklärungsarbeit mache. Oft weiß ich gar nicht wortwörtlich und pur verstandesmäßig, was es, ganz genau definiert,
denn ist, das den Reiz dieser Personen, Schauplätze, Gemüts-
verfassungen, Lebensschädigungen ausmacht. Im Baedeker-
Jahr 1897 wird die Figur – im Notizarbeitsbuch – skizziert
(und mit ihr der Entwurf einer Geschichte), welcher die
Frage nach der Existenzberechtigung der Schweine nicht
mehr aus dem Sinn geht: nach einer Konfrontation mit den
Eßverbotsritualen eines Gasts, der Vegetarier ist und damit
die Denkgewohnheiten des Helden durcheinanderbringt.
Das Vorhandensein aller übrigen Tiere versteht der Mann,
denn andere Lebenszwecke als das Aufgegessenwerden fallen
ihm für sie ein. Aber die Schweine, warum gibt es die
Schweine? Dieses Leitmotiv ist typisch für Čechov und auch
die untergründige Methode, nach der es seinen Anspielungs-
charakter behält und eigentlich gar nicht dominiert.
Ich sehe wirklich wieder gar nicht ein, warum ich mich von
der mit Attraktivitäten durchwirkten Welt solcher Literatur-
Ausgangspunkte trennen sollte. Mit den Tagebüchern/No-
tizbüchern werde ich mich gewiß wieder auf einer Reise
abschleppen. Ebenso mit Briefbänden, Erzählungsbänden.
Es ist mir recht, wenn weiterhin das Gefühl einer Zäsur –

nach Čechov und den Blick voraus in eine Lebenssequenz mit anderem Lesestoff – ausbleibt, es soll ja ausbleiben. Diesen Widerstand gegen ein Aufatmen unterstütze ich. Karten, Pläne, Grundrisse im alten Baedeker will ich immer wieder betrachten. Meinen Globus, einen Beleuchtungskörper, bringe ich nicht aus der Stellung Sowjetunion, mit Indien, China, wohin Čechov – unter dessen Reiseerfahrungshoffnungen auch Amerika vorkam – gern eines Tages gefahren wäre. Reisen machen solle man allein, auf keinen Fall in Gruppen, hat er festgestellt; er, mit seiner genauen Kenntnis der Langeweile, hat diejenige, die mit anderen geteilt wird – wodurch sie sich vermehrt – am meisten gefürchtet.

Was ist denn eigentlich der Grund für meine große Sympathie? Für die Unlust, auf andere Literatur umzuschwenken? Es liegt, seit ich den Čechov auch der Briefe kenne, nicht mehr am Lesestoff allein, daß ich so anhänglich bin. Čechov als Person ist ganz identisch mit seinem Werk. Im übertragenen Sinn, oder die Anmerkung übers Verdrießliche vom Reisen mit Vielen weitergeführt, könnte man sagen, Čechov sei das Gegenteil von einem Mitfahrer, Mitmacher, vom Phänotyp des Mit-Glieds gewesen. Das bedeutet nicht Unfähigkeit zu Freundschaften. Aber, bei sehr viel Verläßlichkeit, Treue, auch dem Bedürfnis nach Abwechslung und Vergnügtheit, blieb doch Distanz sein Merkmal, etwas eher Isoliertes, das von Freunden als »Zurückhaltung« beschrieben wurde. Nicht einmal seiner Frau, von der er seiner Krankheit wegen überwiegend getrennt lebte, nämlich in Jalta, schrieb er in ihre Arbeitswelt einer Schauspielerin am Berufsschauplatz Moskau Briefe, die sein Seelenleben offenbarten. Er achtete auch ihr gegenüber auf Schonungen, individuelle Reservate.

Selten stimmen die toleranten, liberalen, freiheitlichen oder sonstwie großen und schönen Gesinnungen und Absichten, von denen ein literarisches Werk durchdrungen ist, mit dem privaten Verfasser so überein wie bei Čechov. Oft enttäuscht ja der Blick auf Urheber. Čechov, der häufig mit der Frage belästigt wurde, warum seine Geschichten immer so pessimistisch oder bitter und so deprimierend seien, hat geantwortet, die Leute mit Humor im Leben schrieben so, und die im Leben Säuerlichen verfaßten die Humoresken. Ausgeprägt war sein Sinn für intelligente und hinterlistige Tricks, und immer erkannte er die allem innewohnende Tragikomik, die ihn wohl daran hinderte, auch sich selber, andern gegenüber, entblößend bekennerisch ernstzunehmen. Er verstand es, und in wie jungen Jahren schon dermaßen versiert in der selbstironischen Distanz, durch die allein man sich selber nicht verlorengeht, allen Vereinnahmungen zu widerstehen. Čechov mußte nicht Menschen dazu erfinden, daß sie an seiner Statt Humor besaßen und fähig waren, von sich selber abzusehen, er brauchte sich nicht in Fiktionen Wünsche zu erfüllen. Er selber machte die wichtigsten Tugenden wahr, wodurch selbstverständlich sein Leben schwieriger und anstrengender und auch einsamer verlief, denn nie erleichtern kritische Selbständigkeit und klarsichtige Intelligenz den Umgang mit anderen Personen, und wem dauernd die Ambivalenzen und die Paradoxien des Alltags auffallen, dem wird dieser Alltag nicht gerade bequemer und bekömmlicher.

Čechov war selbst gefeit dagegen, so zu sein wie das, was er verspotte: er verachtete wirklich Obrigkeitshörigkeit, alles Subalterne, er fiel auf Komplimente so wenig herein wie auf die schlechten Belehrungen, er war zu klug und zu selbstrespektvoll-stolz zum Beispiel für öffentliche Rechtfertigungen, Gegendarstellungen – wenn die Kritik ihn beleidigte: durch Nichtachtung sorgte er dafür, daß Beleidigtsein nicht aufkam. Nur mäßiges offiziell-kulturbetriebliches Anerkanntsein garantiert ja nicht selten auf seine Weise das Geniale eines Künstlers, denn von jeher hat den Zeitgenossen alles Unerwartete, alles Rebellische und Einzelgängerische – und, bei Čechov, das oberflächlich etwas unscheinbar Wirkende seiner einander immer sehr ähnlichen Arbeiten – Unbehagen bereitet, bei ihnen Mißfallen erregt.

So wurde denn auch mit Beiläufigkeit, Mangel an Tendenz und mit Beliebigkeit, mit dem Fehlen von Schaffenskrisen, schwergewichtigen Atempausen verwechselt, was mir bei Čechov gefällt und was ihn als Künstler so glaubwürdig macht: dauerndes Weiterschreiben, wobei er, Text für Text, an sich selber erinnerte. Seine Erzählweise und seine Schreibgeschwindigkeit behalten immer etwas Legeres und Unangestrengtes, sie stehen für ein freiheitliches Selbstbewußtsein, bezeugen Unbekümmertheit gegenüber all den von Literaturbewachern streng gehüteten und eng geschnürten Richtlinien – zur Mäßigung, zur Bedachtsamkeit und gegen Vielschreiben: alles Grenzen, aus denen Čechov sich erfreulicherweise überhaupt nichts gemacht hat. Seine Nichtbeachtung äußerer sogenannter Aufgaben für »den Schriftsteller« – wie zum Beispiel, gefälligst eine deutliche »Tendenz« erkennen zu lassen, mit politisch-humaner Prätention sich um die Bedürfnisse des Leserpublikums zu kümmern – diese Geringschätzung der feierlich-pseudoseriösen Posituren und Attitüden demaskiert deren Absurdität und Lächerlichkeit und spendet bis in unsere Gegenwart, deren Ansprüche an den Künstler sich nicht gewandelt haben, aufs Angenehmste und Erfrischendste Hohn.

Kleine Racheausübungen, Stückchen für Stückchen, finden wir schon in den frühesten Erzählungen dieses Schriftstellers, der als junger Mann bereits dagegen immun war, sich den Eitelkeiten seiner Umwelt zu beugen und der, stellvertretend, in seinen Geschichten schadenfroh auf die in freiwilligen Knechtschaften geduckten Erwachsenen blickte. Kleine Rache nehmen einzelne in diesen Prosa-Glückstreffern wie »Freude«, »In der Barbierstube«, und zwar an der Anonymität, zu der die meisten menschlichen Lebensläufe verurteilt sind und aus der herauszutreten einer dringenden Hoffnung auf die eigene Einmaligkeit entspricht; Rache an dem Mangel, oder gar am völligen Fehlen von Bedeutung einer Biographie. Kurze Satiren haben immer einen doppelten Boden: Čechov macht sich lustig, bleibt aber dabei einer, der

Menschen nicht einfach ungern hat. Er macht sich sowieso über nichts nicht auch lustig, ausgenommen die Frage der Moral, die Leiden und Ängste seiner Personen.

Aus der unerträglich abgegriffenen und mißverständlichen Modesprache unserer Zeit leihe ich mir jetzt den Spruch vom DENUNZIEREN DER FIGUREN aus, nur um heiter zu erklären: Čechov tut, wenn ich überhaupt verstehe, was damit gemeint ist, auch das. DENUNZIERT. Ich glaube, es ist ein Irrtum und ohnehin heuchlerisch, wenn verlangt wird, ein Schriftsteller müsse pausenlos summarisch »die Menschen lieben« – alle zu lieben, immerzu, das ist unmöglich und wäre außerdem sehr wahllos, ziemlich infantil, gefährlich – und außerdem noch jede seiner fiktionalen Gestalten. Auch das wäre, dramaturgisch gesehen, ein Fehler. Von der Dramaturgie seiner Texte verstand Čechov viel. Er wußte, wie nötig es beispielsweise war, eine Erzählung mit Frauenfiguren zu versorgen: »Ohne Frau ist eine Novelle wie eine Maschine ohne Dampf«, heißt es in einem beratenden Brief an einen Kollegen. Das sogenannte Denunzieren von Figuren nahm Čechov sich heraus, wenn es ihm um die Darstellung der brutalen Blödigkeiten von Menschen ging, um Untertanengeist, Dienerei, Herrschaftsängste, Kleinmut. Er war kein alles verzeihender, bierseligmachender, angesäuselter Humorist der Behäbigkeit und des gemütlichen Gelächters. Für das Erbötig-Knechtische, für das Inhumane und Opportunistische im Menschen empfand er Verachtung und zeigte sie, die spottreifen Eigenschaften gehörten zu seinem Lieblingsstoff.

Seine Skepsis bleibt allgegenwärtig; lesen wir den Anfang der Geschichte »Der gescheite Hausknecht«, so folgen wir zunächst einer Spur, die wir auch als Čechovsche Spur gut wiedererkennen: er wünschte sich mehr Unterrichtung und Bildung für das Volk. Plädierte für mehr Aufklärung, bessere Verhältnisse. Aber es gibt nichts, wofür er rundum plädierte: und von der Mitte der Geschichte an bis zum Ende erweist sich der Lesehunger des Helden dann auch nur noch als grotesk, komisch, tragisch, mit andern Worten: als vergeblich. Čechov entgehen Schattenseiten nie. Ebenso oft, wie er Schattenseiten sieht, sieht er auf den Hang zur Unterwürfigkeit, auf Duckmäuserei, auf Geschwätz, Liebedienerei, Verlogenheit, bei Männern und Frauen ungefähr gleichermaßen, und wer in allen diesen sarkastischen Geschichten auf einen »denunzierenden« Autor schließt, dem müßte einleuchtend gemacht werden, daß niemand sich so ausgiebig um so viele anstrengende Negativmerkmale kümmern würde, den nicht Neugier, Interessiertheit dazu antrieben, womit wir sehr nah bei einer Form des Gernhabens wären.

Beim Lesen von Grotesken wie »Chirurgie« habe ich an slap stick-Nummern aus den Filmen des amerikanischen Komikers William C. Fields denken müssen: ähnlich wie da taucht man bei Čechov in Situationen und Szenerien, die von vorneherein heruntergewirtschaftet, wacklig, obsolet und für ein Mißlingen wie geschaffen sind. Die nie ganz zu Ende gespielten Hilflosigkeiten erinnern an diese alten Schwarzweißfilme mit ihrer halblauten, hintersinnigen und absurden Mißstandslächerlichkeit und obskuren Unordnungskomik. Die Unsinnigkeit, die erbärmliche Nichtigkeit und Barbarei menschlichen Zankens und Streitens: Čechov beschreibt sie gleichsam photographisch. Ich habe die vielen Schnappschüsse nicht gezählt, in denen Schimpfereien, das Randalieren, die Idiotien der Selbstgerechtigkeit sich wiedererkennen lassen: wortwörtlich aus dem verlotterten Ambiente des damaligen russischen Land- und Stadtlebens, in die Gegenwart transportiert jedoch durch Čechovs Genie. Diese Texte liest man nicht, weil man sich für das Rußland aus meinem Baedeker-Jahr interessiert, nicht als Zeitgeschichtler.

Der Baedeker 1897 ist mir wieder eingefallen, und, daß es jetzt nachmittags ist, bald vier Uhr, Čechov-Wetter. Warum warten so viele Čechov-Personen auf irgendeinen Wetterwechsel? Wenn es sehr lang schon sehr heiß war, ja selbstverständlich warten sie dann auf Abkühlung, auf das Ende der

Trockenheit – denn die meisten leben auf dem Land, in Sorge um ihre verschuldeten Gutsbesitze . . . selbstverständlich auch, könnte man sagen, daß sie in strengen Wintern auf das Abklingen der Schneestürme und das Auftauen von Frost und Eis warten. Aber ich merke, daß sie ganz prinzipiell an dieses Warten auf die Wetterwechsel ihre Sehnsucht knüpfen, etwas in ihren Biographien deute plötzlich doch noch auf einen unerwarteten Verlauf, es komme zu einer Veränderung, Ratlosigkeit und Dahindämmern, Müßiggang und Geldnot hätten ein Ende, und darauf warten sie, und weil nichts geschieht – »vieles geschieht (bei Čechov, auf den am allerbesten dieses Schillerzitat anzuwenden ist), indem nichts geschieht« – sehen sie immer wieder im Obstgarten oder auf der Veranda oder an der Bahnstrecke, im Wirtshaus, auf den Terrassen oder zu Besuch bei den Nachbarsgroßgrundbesitzern nach dem Wetter, und es ist weiter immer noch zu heiß, zu stürmisch, zu trocken, zu naß, es regnet nirgendwo als wiederum in alten Schwarzweiß-Filmen aus Hollywood zu schuttartig stark wie in Čechov-Erzählungen, und wie das Wetter auch ist, es bildet jedesmal eine zusätzliche Belastung, eine Verstörung, Belästigung, aber die Aufmerksamkeit, die das Wetter wert ist, verrät auch so etwas Vorsichtiges und doch völlig Unentbehrliches wie: Lebensfreude. Eine gewisse Spannung sorgt dafür, daß gegen die immer latente Lebenslähmung, den Schlendrian, dieses Interessiertsein und das Warten auf die Freude arbeiten. Die Wetterdramaturgie besitzt gleichzeitig den großen Vorteil, szenisch-sinnlich in eine Erzählung einzuführen.

Čechov bedarf eigentlich gar nicht erst der Regisseure – bei seinen sieben Theaterstücken allerdings dürfen sie sich einmischen – denn er schrieb, indem er zwar nur andeutete, sich sämtliche Kulissen, Beleuchtungen und das ganze Inventar selbst, gerade so viel, daß die Phantasie des Lesenden Čechovs höchst kunstvoll inszenierte Lücken ergänzen kann. So genügt es mir eigentlich längst, wenn Čechov einen Schauplatz knapp benennt: schon sehe ich ihn. Zur Charakteristik genügt ihm oft etwas Winziges, etwas, das ohne ihn nicht aufgefallen wäre, und doch ergibt sich eine Wiedererkennungsfeier im Bewußtsein: auf einem Anwaltsschreibtisch Tintenfaß oder Lampe – und ich weiß über diese Kanzlei das Wesentliche. Flußufer für Angler, Gasthäuser, Bedienstetentrakte und Herrschaftsgebäude der Güter, Landschaftsgeometrien oder verwahrloste Naturstücke – lauter ČechovLiegenschaften. Ähnlich tupferhaft kennzeichnet dieser bewunderungswürdige Menschenkenner seine Personen mit dem Benennen eigentlich weniger, aber schlagender Merkmale. Eine Frau fällt mir oft ein, die so aussieht, als hätte sie immer etwas Größeres im Mund. Und nur, weil es eine derartige Fülle solcher Beobachtungen bei Čechov und das gleich in vielen hundert Geschichten gibt, passiert das Ungerechte, und ich weiß nicht, nicht ohne nachzusuchen, ob es eine Pflaume oder eine Kartoffel ist, mit der die untere Gesichtshälfte dieser Frau ausstaffiert zu sein scheint – bei anderen Schriftstellern mit weniger verschwenderisch reichem Material, denke ich, hätte man sich als Perle diesen Einfall aufbewahrt.

Daß sich, von den ersten Veröffentlichungen sehr kurzer Prosastücke bis hin zu den letzten langen Erzählungen, beinah nichts außer der epischen Geduld geändert hat, das beweise ich ebenfalls immer wieder mit Vergnügen. Den jungen Čechov beschäftigten vor allem die älteren Menschen. Sie sind, damals meistens Männer, oft um die 60, und der Verpfuschtheit, dem Unbedeutend-Ungebildeten ihrer Existenzen grollen sie, gleichwohl ergeben, das VertanVergebliche spürend, und wir lernen sie in Momenten kennen, die ihre Sklavenhaftigkeit kurz erhellt. Čechov läßt seine Geschichten offen enden. Wir empfangen hier keine eindeutigen Botschaften. Es sind Geschichten um ihrer selbst willen, und deshalb lese ich sie so gern. Diese Geschichten haben nichts mit Transportmitteln für Zwecke, Mitteilungen an den Leser gemein. Ich liebe an ihnen, daß man keinerlei Lehre aus ihnen ziehen soll – selbstverständlich darf man das tun, wenn man Lust dazu hat. Aber die Interpretationsangebote liegen niemals nah, und das macht sie dauerhaft interessant und fürs Wieder- und Wiederlesen so geeignet. Nehmen wir das Beispiel der Erzählung »Ionyčz«, eines längeren Prosatextes: zwei Lebensgeschichten kommen sich für eine kurze Zeit nah und laufen eine Weile parallel, zwei Personen wären vielleicht dafür geschaffen, sich zusammenzutun; beide Lebensgeschichten entfernen sich wieder voneinander, weil ein Heiratsantrag abgelehnt wurde – wir schauen zu, wie teilnahmslos der männliche Held nach kurzer Verletztheit verfettet, wie die weibliche Heldin nicht ihr erstrebtes Ziel erreicht – am Schluß hat Čechov dennoch nirgendwo angedeutet, ob und wodurch womöglich eine Ehe für diese Zwei zu mehr Daseinsglück geführt hätte. Wie müßig, wie lächerlich auch und sogar vermessen wären hier nachgereichte Analysen. Hier bei Čechov, ganz gegenständlich immer, hier darf man einfach lesen, was da steht, Satz für Satz, und bis zum Ende, denn ich glaube nicht, daß er sich – außer für die Zensurauflagen seiner Ära – thematisch-stilistisch und, um geheimnisträgerischer zu sein, geknebelt hat.

In den Erzählungen – und Čechov empfand sich hauptsächlich als »Belletrist« – habe ich immer das gute Gefühl: alles ist von Čechov selber. Wenn ich ins Theater gehe, um die Inszenierung eines Čechov-Stücks zu sehen, muß ich mit mehreren anderen Zuträgern rechnen. Ich habe Čechovs Briefsätze nach der Art »Ich liebe das Theater nicht« im Gedächtnis. Diese Stücke leben auch ohne Aufbereitung, ihnen ist die Bühne – oder mehr als eine Bühne, sogar mehr als ein Filmszenario – immanent. Lesen genügt: Den Anfangsdialogen typischer Helden und Heldinnen gelingt die Vermittlung von Schwermut, dem Warten, zurückgepreßter Ungeduld und Müßiggang, vom Gelangweiltsein, das diese Menschen ratlos und aufsässig macht, so daß es wichtig ist, daß bald irgendwelche Gäste eintreffen, daß man miteinander spricht: über die Nachbarn, über das Leben und dessen Sinn, sofern es einen gibt – keiner weiß es, aber einer wird da sein, der so tut, als wisse er etwas mehr als die andern. Gesprächsstoff wird wieder ein Gutsbesitz sein und wie lang sein Inhaber ihn noch halten könne, der Garten wird schön sein und das Wetter wichtig, das Klavierspiel einer jungen Frau wird aus einem der Fenster dringen. Der Geldmangel, das Trinken von zu viel Vodka, Charakterschwächen, die Lässigkeit, das Abwarten, alles das inszeniert sich bei der Lektüre von selber.

Ein Oberst – es ist der Oberst Trileckij im »Platonov« – sagt: »Diese Immergerechten und Überehrlichen stiften nur Unfrieden . . . überall mischen sie sich ein, überall müssen sie mitreden, alles geht sie etwas an . . .«, während die anderen darauf warten, daß an gedeckten Tischen im Freien ein Essen serviert wird, während andere Personen auf der Bühne die Querverbindungen ihrer Verliebtheiten und des Unglücks ablenkt und zerstreut oder quält. Und es gibt den Waldfanatiker, der ausführlich über den Sinn und Wert der Wälder philosophiert (Vojnickij im »Waldschrat«), und ein Kontrahent (der Arzt Chruščov) wird sich zu Wort melden mit pessimistischen Zynismen, eine Frau, erfüllt von Elan und Hoffnung auf bessere Zeiten, mischt sich ein mit ihrer persönlichen Kraft zu Schmerz und Glückserwartung und mit einem Programm gegen die Schlechtigkeit und Langeweile des gegenwärtigen Lebens. »Nach Moskau, nach Moskau!« rufen zwei der »Drei Schwestern« inständig und vergeblich, ermüdet von den Leiden unter der Roheit der Menschen, der Langweiligkeit des Landlebens, dem Mangel an Feinfühligkeit, dem Zeitvergehen und Stillstand bei unbefriedigender Arbeit – nach der richtigen Arbeit und nach Fortbewegung haben sie Sehnsucht, und sie bringen diese hoffnungsvoll-hoffnungslose Sehnsucht unter im Ausruf »nach Moskau« sie möchten doch noch erfahren, eines Tages, »warum wir leben«, »warum wir leiden«. Mit dem Satz »Wenn man es nur wüßte, wenn man es nur wüßte« endet das Stück, ein Ende, das Čechovs Sujetvorrat öffnet, denn: »es« niemals zu wissen, das ist der Schreibstoff.

»Alles, was schön ist, ist ernst«, sagt Čechov in der »Möwe«, und dem Freund und Kollegen Korolenko gegenüber nannte er sich den »leichtsinnigsten und am wenigsten seriösen« Gegenwartsschriftsteller. Ich erkenne in beiden Behauptungen keinen anderen Widerspruch als den, der Čechovs Schreiben motorisiert. Ernsthaft sein im Scherzen, scherzhaft beim Ernst: dieses Schriftstellernaturell steht unter dem Zwang, einfacher und geradliniger eben in keinem Moment die Existenzbedingungen des Menschen sehen zu können. Die stilistische Antwort hierauf ist die Ironie. Ironie setzt auch seine Selbstbezichtigungen in Anführungszeichen. Bei Čechov gibt es eine Bescheidenheit aus Stolz und Diskretion, und wenn er selber seiner Wirkung als Schriftsteller nur fünf bis zehn Jahre gab – länger glaubte er nicht gelesen zu werden – so geschah das in ironisch-pessimistisch beschwörender Übertreibungsabsicht, jemand raffe sich auf, ihn zu widerlegen. Menschen seiner Wesensart müssen zwangsläufig Vereinzelte sein. Erst die Nachwelt hat Čechov ins (angenehme) Unrecht gesetzt, seine Gegenwart konnte es noch nicht, natürlich nicht bei einem, der anderen empfiehlt, was ihm selbstverständlich ist, zum Beispiel: »Keine Konzessionen« zu machen. Einen Gegenwartserfolg kann man mit solcher Werkaufrichtigkeit schwerlich erringen.

Absolut und streng war Čechovs Resignation, gegen Selbsttäuschungen, optimistische Mätzchen, allerlei Faxen und Beteiligungen, Gruppengeborgenheiten machte ihn seine Intelligenz immun. Die Familienerziehung der Brüder, eine Ermutigungsbriefprosa für sich, enthält solche Aphorismen wie diesen: »Besser Opfer sein als Henker.« Das zeigt zwar einen gewissen Fatalismus, doch auch die Entschlossenheit, sich keineswegs auf die brutale Seite der Menschheit zu schlagen. Kollegialität war ihm etwas nicht erst zu Trainierendes und Erklärungsbedürftiges – dauernd mußte er da Schönrednereien, Unzuverlässigkeit, Phrasenhaftigkeit durchschauen. Aber sein Instinkt für die Kunst, seine Sicherheit der Kunstgriffe, die zum Unvergänglichen führen, paradoxerweise ganz genau eben jenes Vergiftetsein vom Gedanken, ewig schreiben zu müssen – sie hatten das Überlebensrettende, das, was immer weiter im Bewußtsein zündet und anstiftet zur Fortsetzung mit der Existenz- und Arbeitslast. Čechov schrieb: »Wer nichts will, auf nichts hofft, vor nichts Angst hat, der kann kein Künstler sein.« Nein, er lief zwar oft »von einer Zimmerecke in die andere« – so charakterisierte er ganze Tage – aber nicht das Schicksal anklagend mit der Frage: warum denn muß ich mich so schinden und quälen? Viel zu genau wußte er ja, wie unabdingbar kleine und mittlere Scherereien und große Anstrengungen sowohl zu seinem Temperament als auch zu seinem Beruf gehörten.

Viel und dauernd hat Čechov zwar geschrieben, doch sollte man daraus nicht schließen, es sei ganz ohne Kalkül dabei zugegangen. Einem wie ihm merkt man glücklicherweise aber Kraftanstrengungen nicht mehr an, nicht seinen Dichtungen. So erleichterte er sich die Arbeit nicht, zum Beispiel wenn er darauf achtete, nicht allzu aktuell zu sein. »Es ist eben so: . . . ein Künstler soll alles meiden, was zeitbezogene Bedeutung hat.« Ein Gespür, das uns 100 Jahre später noch die Unmittelbarkeit des Nachvollziehens verschafft. Čechov selber, der übrigens in diesem Zitat übertrieb, trug es läppisch-übliche Vorwürfe ein. Er schreibe lediglich über Bagatellen, er verfüge über kein aufklärerisches und soziales Gewissen, die (bis in unsere Gegenwart) so dringend gefragten Rezepte fehlten. Das erweist sich als barer Unsinn, wenn es angewendet wird auf die vielen Čechov-Texte, in denen sehr wohl auch die zeitgeschichtlichen und nicht nur die privaten Probleme Menschen belasten. Čechovs literarisches Werk ist durchaus nicht ort- und zeitlos, und irgendein »privater« Gutsverwalter oder eine »private« Gouvernante erleben ihre individuellen Gemütsturbulenzen immer in einem gesellschaftlich bestimmten Kontext. Als Nachweis für ein Engagement des Moralisten, welcher der Realist Čechov auch war, bedarf es nicht nur des Sachbuchs »Sachalin«, das Čechov sich abverlangte, weil er ganz von sich aus und ohne

Auftrag über die Bedingungen des Strafvollzugs an Verbannten Bescheid wissen und aufklären wollte.

Alles was schön ist, ist ernst. Aber nicht alles, was ernst ist, ist schön. Mich macht im Zusammenhang mit den vielen Mißverständnissen über Čechov zu seiner Lebenszeit vieles nur ernst, und ich finde es nicht schön. So denke ich, unter anderm im betrübt und ärgerlich stimmenden Material, wie fahrlässig die meisten Personen, die Čechov viel zu verdanken hatten, seine Treue und sein Verantwortungsbewußtsein belohnten. Hätte nicht einer von allen diesen Freunden sich gründlicher um ihn als den Kranken kümmern müssen? Gewiß, Čechov selber verharmloste alles, was mit der Krankheit zusammenhing, aber das geschah aus Selbstachtung. Und doch hat seine Post immer auch von medizinischen Befunden gehandelt.

Haben sie alle nicht gemerkt, wie der Freund, Bruder, Sohn, Kollege, Ehemann doch sehr prinzipiell darunter litt, sich als einen Ausgestoßenen zu empfinden, fernab dort im damals unbequemen Jalta meiner BAEDEKER RUSSLAND-Ära? Photographien aus seinem Garten und seinem Haus in Autka zeigen allerdings Idyllen, und doch handelt es sich um Idyllen aus der Einsamkeit, und nach den nördlicheren Regionen hat Čechov, der auf der weichen und benebelten Krim nie heimatlich wurde, sich immerzu gesehnt. Čechov unter schweren Laubdächern eines wie von ihm geschilderten großen Baums auf seinem Gut in Melichovo südlich von Moskau: ich betrachte das Bild aus dem Jahr 1892 genau. Auch die verschiedenen Arbeitszimmer könnten von ihm beschrieben sein, nur kommen sie mir viel aufgeräumter vor. Sind sie das jetzt erst, so ordentlich, jetzt zu Museums-Stückchen aufgestiegen? Alle diese Ansichten aus einem Leben sind schön – weil sie Ernst bezeugen?

Manchmal kann man Čechov, wenn er Briefe schreibt, ins entstehende Manuskript schauen; etwas, das wir heutzutage als »Werkstattgespräche« verklären, konnte er nicht leiden, aber weil er immer spontan korrespondierte und nicht in seiner Post von einem höhergestuften Podest aus allgemeine Predigten abhielt, bezog er den Schreibaugenblick ein und stöhnt etwa über die Mühsal mit den »Mittelteilen« bei langen Erzählungen – immer nahm er sich fest vor, eines Tages auch einen Roman zu schreiben – und er erläutert die Absicht, eine Häufung von »daß«-Sätzen zu verhindern, Leute, die kein Stil-Gefühl besitzen und dennoch schreiben, machen ihn nervös, falsche Infinitivsätze kann er so schlecht ertragen wie Fliegen auf der Suppe (es gibt bei Čechov dafür ein anderes Bild, aber auch dieses paßt, wie Suppen in seine Geschichten gehören – und wieder fällt mir der Gedanke an jemand Fleißigen ein, der beispielsweise eine Untersuchung darüber verfaßte, in wie vielen Texten Čechovs KEIN Samovar, oder: KEINE Pferdekutsche vorkäme . . . und ähnlich so weiter mit den Lieblingstopoi dieses Schriftstellers, den viele seiner Nachfahren in ihrer eigenen Gegenwart genießen, indem sie ihn auch vermissen. Schön ist nur, was ernst ist. Lenin fühlte sich bei der Lektüre der Erzählung »Krankenzimmer Nr. 6« so, als habe man ihn selber dort eingesperrt. Gorkij wünschte es zu »übernehmen . . . alle, die Čechov kritisieren, umzubringen . . .« Majakovskij feierte ihn als »König des Wortes« und rühmte seine Güte, sein Zartgefühl; er fand auch, daß durch Čechov-Texte alle diejenigen widerlegt sind, die behaupten, es gebe keine Themen. Das sind immer nur die, denen ein Thema erst universal und revolutionär vorkommen muß – Čechov hingegen hat mit »Geschichten über Fastnichts« (Zitat Virginia Woolf) Kunstgebilde höchsten Rangs geschaffen. Katherine Mansfield klagte: »Ach, Čechov! Warum bist du tot! Warum kann ich nicht mit dir reden . . .«

Erst recht die Briefpost Čechovs aus seiner letzten Lebensperiode habe auch ich mit dieser besonderen Art von Kummer gelesen, mit einem Empfinden des unbotmäßigen Eingeweihtseins; ich wußte, was er nicht wissen konnte, ich kannte die kurze noch verbleibende Zeit, aus der, kurz vor seinem Tod, doch noch die exakt-ironischen Bemerkungen über das sehr deutsche Badenweiler, seinem letzten Lebensschauplatz, zu den Adressaten drangen, über die unvorteilhafte Aufmachung deutscher Frauen . . . ja, Katherine Mansfield, mit der ich auch nicht mehr reden kann, hatte schon Grund, traurig darüber zu sein, daß Čechov nicht mehr lebte, und sie nicht mit ihm reden konnte. Auch ich bin traurig, weil Čechov nicht lebt . . . aber um ihn mit mir zu verschonen. Ich denke gerade, ich hätte ihm gern bewiesen, daß ich angesichts meines Lieblingsschriftstellers den Mund hätte halten können. »Kürze ist die Schwester des Talents«: höchste Zeit für meine Notizen hier, mich dieses Čechov-Zitats zu erinnern. (1984)

Mein Lieblingsbrunnen

Mein Lieblingsbrunnen haust im todsicheren Versteck. Mein Lieblingsbrunnen ist ein Springbrunnen und er plätschert in dem Garten, den Anton Pavlovič Čechov für eine seiner Erzählungen erfunden hat. Daß dort aber jetzt, mit Eimer, Gartenschlauch und einer Harke, in Gummistiefeln wichtig und beschäftigt, mein eigener jüngster Bruder, so wie er gegen Ende seiner Kindheit war, aufgetaucht ist, im Laubausschnitt meiner Besichtigung, inmitten des Čechov-Szenariums, das wundert mich ganz und gar nicht. Beim Čechov-Lesen rückt mich jeder Satz, der eine Geschichte mit alten, verschwenderisch bewachsenen Gärten bebildert, in eine vom Phantasieren kaum zu unterscheidende Erinnerung an heimatliche Stätten.

Zum Brunnen gelangt man, wenn man vom Kiesweg, der ein Wiesenstück in zwei ungleichmäßige Hälften aufteilt, nach rechts – in die Richtung Westen, Abend mit Sonnenuntergängen – abkommt: hier könnten jetzt Fliederbüsche verwelken. Wir sind im mittleren Gartenteil. Es regnet auf den dunklen Wasserspiegel: Regenwetter ist noch interessanter, wenn es sich im Genrebild mit Brunnen ereignet. Der Brunnen macht den Regen anschaulich. Sonniges Wetter gewinnt ebenfalls, denn mit Brunnen sieht jeder Beleuchtungseinfall besser aus als ohne. Schatten vom Laub des Magnolienbaums streuen schwarze Muster auf die von unten her verdunkelte Wasseroberfläche. Flugwespen zucken hin und her, dicht über dem Wasser schwebend halten sie unvermutet eine kurze, aufgeregte Rast. Auf die Brunnenumrandung sind Unkräuter gewachsen. An diesem insektenreichen Ufer wird der Brunnen von Vögeln benutzt.

Dieser Springbrunnen gehört meinem Bruder. Sein – der damaligen Absicht nach – zukünftiger Schwager hat ihn ihm zuliebe an vielen Nachmittagen gebaut – und auch, weil dieser junge Mann, der ein Schwager werden will, Techniker und Physikstudent ist und seine Begabung beweisen möchte. Beide junge Männerfiguren entstammen meinem Gedächtnis und gleichzeitig einer Čechov-Geschichte mit Garten, Pflanzen, Pavillon und Brunnen, der eine Darsteller, der Brunnenerbauer, ehrgeizig und wie von bevorstehendem Scheitern fast zornig, der andere ein wenig melancholisch und vom üblichen Spielen irgendwelcher Altersgenossen abgesondert – zum Beispiel weil es diesen Garten gibt und diesen Brunnen, Schatten, Sonnenlichtungen, Vogelgezwitscher, Gewässergeräusche. Es entsteht in meinem Erinnerungs- und Lektürebewußtsein keinerlei Gerangel. Die Bilder decken sich. Nach ein paar Wochen funktioniert die Wasserspringvorrichtung im Zentrum des Brunnens nicht mehr. Von einem Zimmerfenster im ersten Stock des Hauses schaue ich in dieses Dekor. Was ist das für ein Haus . . . Von der Gutshofterrasse führt eine Treppe in den Mittelteil des Gartens, dorthin, wo der Garten ein Ziergarten ist, noch ist: denn er beginnt zu verwildern. Einen Kiesweg, der ein Wiesenstück durchschneidet, betreten zwei meiner Tanten . . . Veritable Čechov-Garten-Besitzer haben den ehemaligen Rasen aufgegeben, und nun verblühen Klee und Löwenzahn im Gras beim Brunnen. Mein Bruder wird nicht zum Schwager des Brunnenerbauers, und gerade auch das Auseinanderlaufen ihrer Lebensgeschichten macht sie als Mitspieler in einem Čechov-Sujet geeignet, worin mein Lieblingsbrunnen eines kommenden, für den gesamten Garten verhängnisvollen Tages von einem ökonomisch denkenden, das Anwesen von Grund auf neu bewirtschaftenden Nachfolger niedergewalzt werden wird.

Aber der Brunnen überlebt: im todsicheren Versteck – und in diesem Augenblick wird er mit dem Gartenschlauch meines Bruders frisch bewässert. Mein Bruder läßt den Wasserspiegel über die Einfassung schwappen. Ich nehme an, daß er dabei ans Meer denkt und SEEGANG spielt. Zum Obstgarten hin wird die Landschaftspartie mit dem Brunnen von alten, hochgewachsenen Bäumen begrenzt. Von der Seite her wachsen die Schattenflecken der Äste einer Weymuthskiefer über meinen Bruder, den Brunnen, die Erfrischungspause einer Amsel. Mein Bruder will nun Laub abschöpfen, das auf die Wasseroberfläche geweht wurde – es hat in den Morgenstunden, ehe dieser Gedächtnistag anfing, ein richtiges Čechov-Unwetter gegeben; alle beteiligten Personen, die Bewohner des großen alten Hauses und ihre Gäste, haben tagelang auf diese nächtlichen Blitz- und Donnerspektakel und besonders auf die Regenschauer gewartet, und viel haben sie vorher, an Gartentischen und müßiggängerisch auf dem Wiesenstück beim Brunnen, über Gewitter und Erlösung von der Hitze gesprochen, immer so, als würden sie noch etwas anderes meinen.

Mein Bruder will jetzt nach den Überlebenden unter seinen Fischen forschen. Als guter Čechov-Held macht ihn der Umgang mit dem Tod von Tieren nicht übermäßig gefühlvoll, aber er beschäftigt ihn gründlich. Mir wird er etwas Sarkastisches über tote Fische erzählen, falls ich zu ihm hinunter käme und sentimental und erschrocken wäre. Ich bleibe lieber noch in einer Distanz. Ich muß zuerst zu Eis geworden sein, damit ich, nach der Čechov-Methode, zum Beispiel auch über das Gärtnerpech meines Bruders mit den Seerosen reden kann.

Ist das ein Robinienrausch, von dem mein Kopf glüht? So wie in diesem Sommer, so stark, haben die Robinien lang nicht mehr geblüht; sie stehen wie mit angeschmutztem, schwefel-gelblichem Schnee beschüttet als obere Begrenzung zum Norden, zum Gutshaus hin, auf der Kiesterrasse, in der Gesellschaft von Birken, russischen Birken, und sie decken mein Elternhaus, ein Pfarrhaus, das der Nachfolger abreißen ließ, mit ihren braunen Stämmen und laubüberwucherten Ästen ab – verlorenes Terrain, aber im todsicheren Versteck, in dem mein Lieblingsbrunnen plätschert, sofern ich es will und meinen Bruder auftauchen lasse, und wenn mein Bruder mit dem Gartenschlauch unter der Wasseroberfläche Bewegung in dieses Bild aus einer Čechov-Geschichte bringt, und wenn es wieder anfängt zu regnen, nach langer Erwartung und nur, nachdem ich wieder in einen bestimmten Garten aus dem Fundus des Anton Pavlovič Čechov eingetreten bin.

(1984)

Quellenverzeichnis

Auf einer Feier zum 50. Geburtstag von Karl Krolow, wurde Gabriele Wohmann gefragt, ob sie nicht einmal von der Arbeit hinter den Theaterkulissen und vor einer Aufführung berichten wolle. Für den 31. Mai 1965 war die Uraufführung des Stücks »Der Sommer« angesetzt. Sie stimmte zu, im Frühjahr 1966 erschien dieses Tagebuch, das Schule machen sollte, unter dem Titel »Theater von innen. Protokoll einer Inszenierung«. Sein Anfang ist hier abgedruckt. Seit dieser Zeit hat sich Gabriele Wohmann in Beiträgen für den Rundfunk, für Zeitungen und Anthologien immer wieder mit ihren eigenen Schreibabsichten und mit der Literatur vor allem ihrer Lieblingsautoren auseinandergesetzt. Die wichtigsten dieser verstreut publizierten Arbeiten – Rezensionen fanden keine Berücksichtigung – sind in diesem Band zum ersten Mal zusammengetragen worden. Die Aufsätze sind nach dem Datum ihrer ersten Veröffentlichung geordnet. Mit einer Ausnahme: »Zweimal Goethe – Gedicht und Interpretation« und »Drei Gedichte – für die Schule erklärt« versammeln mehrere kürzere Beiträge zum jeweiligen Thema aus verschiedenen Jahren.

Die Arbeit an diesem Band hat Gabriele Wohmann auch dazu angeregt, über ihre Lektüreerfahrungen mit einem Autor, der sie in dieser Zeit wieder beschäftigte, zu schreiben. Der Essay »Einige Notizen zu meiner Vorliebe für Anton Pavlovic Čechov« ist eigens für diesen Band entstanden und wird hier zum ersten Mal abgedruckt.

»Protokoll einer Inszenierung« aus: »Theater von Innen. Protokoll einer Inszenierung«. Olten und Freiburg im Breisgau 1966, 304 Seiten, S. 7–37.

»Die Siebenundvierziger in Princeton. Im Fluge notiert«, aus: Darmstädter Echo, 3. Mai 1966.

»Die Ludeyville Wildnis. Moses Herzog aus Saul Bellow ›Herzog‹« aus: »Leporello fällt aus der Rolle, Autoren erzählen das Leben von Figuren der Weltliteratur weiter«, herausgegeben von Peter Härtling. Frankfurt 1970, S. 218–225.

»Jemand der schreibt« aus: »Motive«, herausgegeben von Richard Salis. Tübingen und Basel 1971, S. 346–350.

»Paulinchen war allein zu Haus – in eigener Sicht«. Rundfunksendung im September 1974, Radio Bremen.

»Zweimal Goethe – Gedicht und Interpretation« aus: Westermanns Monatshefte, 10/1974 und Frankfurter Allgemeine Zeitung, 27. 9. 1980 (zweimal »An den Mond«), Frankfurter Allgemeine Zeitung, 1. 10. 1977 (»Eigentum«).

»Drei Gedichte – für die Schule erklärt«, im September 1978, Bayrischer Rundfunk (»Unterstützung« und »Spargelsaison«) und unveröffentlicht (»Alte Frau, ratlos an der Hotelrezeption«).

»Hermann Hesse, Unterm Rad« aus: Frankfurter Allgemeine Zeitung, 16. 4. 1980.

»Autobiographie als Material – Berliner Akademierede«, gehalten aus Anlaß der Frühjahrstagung 1980.

»Über Sylvià Plath« aus: »Im Jahrhundert der Frau. Almanach des Suhrkamp Verlags«, Frankfurt 1980, S. 20–23.

»Schriftanblicke« aus: »Günter Gerhard Lange. Eine Jahresgabe der Typographischen Gesellschaft München«, herausgegeben von Philipp Luidl, München 1983, S. 23–26.

»Der doppelte Vater«, Rundfunksendung im Mai 1982, Bayrischer Rundfunk.

»Meine Gedichte«, Rundfunksendung im August 1982, Norddeutscher Rundfunk (NDR).

»Martin Luther«, Rundfunksendung im November 1983, Sender Freies Berlin.

»Čechov immer wieder«, Rundfunksendung im Dezember 1983, Sender Freies Berlin.

»Einige Notizen zu meiner Vorliebe für Anton Pavlovič Čechov«. Dieser Essay ist während Gabriele Wohmanns Arbeit an ihrer Čechov-Ausgabe entstanden und wird hier zum ersten Mal veröffentlicht.

»Mein Lieblingsbrunnen« aus: Die Welt, 3. 7. 1984.